普天之下・盡是好書

普天出版家族 Popular Press Family

凌雲文創 A-Plus Creative Company

優秀的人，不會讓情緒控制自己

Manage your Emotions

培根曾經寫道：「**無論你怎樣表示憤怒，都不要做出任何無法挽回的**

一個人的負面情緒會改變週遭的氣場，讓事情朝負面的方向發展。不管做任何決定，如果受到情緒波動的影響，行為便沒有自主權，最後只能無奈地受命運的宰割和擺佈。

成功的人，懂得控制自己的情緒；失敗的人，則容易受到情緒左右，不懂得管理自己的情緒。如果你想成為優秀的人，首先就要戰勝自己的情緒，不要讓情緒操控自己。

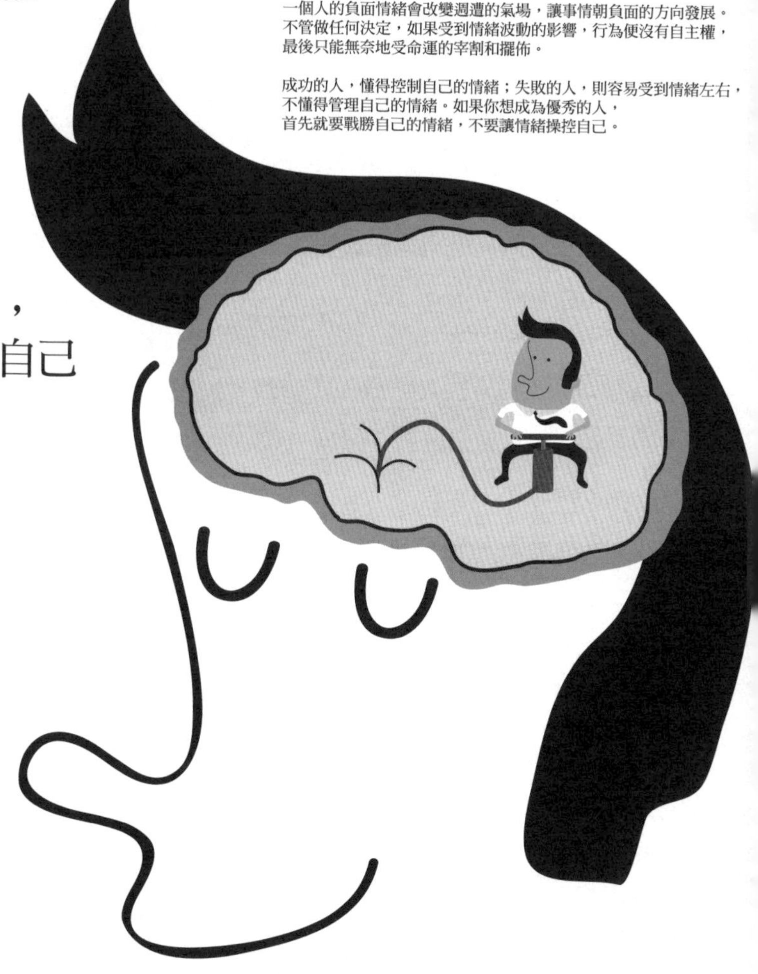

學會管理情緒，
別讓情緒左右自己

文蔚然——著

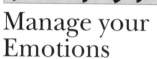

【出版序】

優秀的人，不會讓情緒左右自己

● 文蔚然

只要在人生的道路上，懂得放下苦悶、忿恨的心情，願意冷靜下來轉念想想，生活自然會在每一次轉念後，找到新的出路。

蕭伯納曾經寫道：「人類總是低估了負面情緒會為自己帶來的後果。」

爲人處世最糟糕的狀況莫過於用情緒做決定，因爲，原本可以輕易解決的簡單事情，往往會在負面情緒作用下變得棘手複雜。很多時候，只要控制自己的負面情緒，適時轉換心念，就會發現許多事實在不值得煩憂嘔氣；你的心境，也會因爲適時的轉念而變得平靜，不做出讓自己後悔的決定。

無論是工作或是生活本身都是極純粹的，之所以充滿困厄、煩惱、計較和不滿，全是自己造成的。

不少人因爲對生活抱持悲觀的想法，總偏著頭「構思」生活該是悲傷、困厄和煩悶，所以就得出眼前的悲慘生活！

眼前困頓、愁苦的心情都是自己編造的，怨不得別人。如果你一點也不想過這樣的生活，現在就把心念調整，讓腦袋時時充滿趣味的生活畫面，也時時用喜樂的心情帶動自己的人生觀感。

如此一來，眼前的生活對你而言，即便是困境，走著走著也朝向順境，艱辛揮汗時也會露出歡欣笑容。

「師父啊！我們現在待的這間公司一點也不懂得用人，我們兩個人又老被同事欺負，唉，您知道我們有多痛苦嗎？我們是不是該辭掉這份工作呢？請您給我們一點指點吧！」兩位信徒向老師父問了同樣的問題。

兩個人安靜地等著老師父開示，老師父卻緊閉著眼睛，一句話也不說，等了老半天，才簡單地給他們六個字：「不過是一碗飯！」然後便揮了揮手，示意他們離開。

這答案十分含糊，但是看到老師父不想多說，他們只得各自回家領悟。

幾天之後，兩個人分別得出了結果，其中一個人遞了辭呈，返家種田，另一個則決定待在公司苦熬。

轉眼十年過去了，回家種田的信徒，以現代化的技巧經營農業，積極將品種改良，並以商業化的行銷方式推廣自家的產品，終於受到人們肯定，還成了當地的農業專家。

至於另一個留在公司的信徒，情況也不錯的，他忍住脾氣，努力學習，慢慢受到公司器重，最終坐上了經理的位子。

這天，兩個人再次遇上，農業專家對著經理說：「老師父給了我們同樣的六個字，其實我一聽就懂了。不過是一碗飯嘛！何必苦困難過？轉念一想，便覺得不必勉強自己待在那裡，於是我便辭職了。」

經理點了點頭，表示肯定，這時農業專家卻反問他：「怎麼你爲何沒聽老師父的話呢？」

「我聽了啊！師父說『不過是一碗飯』，不必生氣，不必埋怨！轉念一想，不過混碗飯吃嘛！老闆說什麼就是什麼，然後我便不再賭氣，不再計較，事情不就解決了？」經理笑著說。

專家一聽，也肯定地點了點頭，於是兩個人相約一同去看老師父，當他們向老師父提起這件事時，依然等了半天才得到老師父回應，也依然只得六個字：「不過是一念間！」

畢達哥拉斯曾說：「憤怒從愚蠢開始，用後悔告終！」

確實如此，情緒好壞往往決定事情成敗，無論面對任何事情，必須切記先將自己的心情處理妥當以後，再處理事情，千萬別讓情緒影響自己所做的任何判斷或決定，才不會造成事後懊悔不已。

對你來說，眼前橫擺的，真的只是「一碗飯」的問題嗎？還是有著其他更讓你困惑為難的問題？

生活、工作中，無論遇到什麼情況，重點其實不在那一碗飯的考量上，而是老師父的最後一句話：「不過一念間！」

無論是遇到困難，還是人事紛爭，想走出難關，想遠離是是非非，一切關鍵便在於我們的「一念」，只要能時刻往正面方向思考，眼前的是是非非便成了無聊小事，轉念便忘。

至於遇到的困難，心念一轉，便也成了生活中最美妙的插曲，也成了我們精采生活的最佳題材。

成功的人，懂得控制自己的情緒；失敗的人，則容易受到心情左右，不懂得管理自己的情緒。如果你想成爲優秀的人，首先就要戰勝自己的情緒，不要讓情緒操控自己。

只要在人生的道路上，懂得放下苦悶、忿恨的心情，願意冷靜下來轉念想想，生活自然會在每一次轉念後，找到新的出路，並且在人生道路上越走越順暢快樂，也越走越充滿希望活力。

[PART 1] 勇於面對，才能解開心結

生活中沒有解決不了的問題，人與人之間也沒有必須的敵意與敵對，特別是面對自己身邊的人。

【PART 2】不要用猜忌來保護自己

快樂的日子並不在於別人能給你什麼，而是你用什麼樣的態度，去看待你的生活，又用什麼樣的角度，去發現你的美麗人生。

「PART3」

先接受自己，別人才會接受你

生活上不會有無解的難題，端看你願不願意敞開心把問題解開，你的「心」往哪個方向走，你的世界就會往那個方向去。

PART 4

不要讓情緒影響前進的勇氣

無論目前陷在什麼樣的困境中，自然都會有一股力量支持你挺過去的。不因為受挫的情緒，影響自己前進的勇氣。

【PART5】機會是否存在，取決於心態

別再用心情處理事情，不要忽略了生活中的每一個細節，學學堅持與不放棄，認真地檢查你的態度吧！

PART 6

放下懊悔，才有成功機會

現下要把握的還很多，我們該做的便是放下懊悔的心情，正面迎向未來，認真省思、修正自己的弱點，讓自己更積極地邁步向前。

【PART7】改變態度，就能跨出第一步

你的貴人就是你，你的救兵就是你，只要你願意跨出第一步，擺脫沉溺於失意落魄的心情，一定能擺脫眼前的困境。

【PART 8】

別讓內心慾望主導人生方向

只要每分每秒都能執著認真，不讓內心的慾望主導人生的方向，任何片刻都將能寫下一份永恆且卓越的人生成績單。

「PART9」

何必刻意刺激別人的情緒？

我們無須因為心中生疑，而刻意去挑動人們的情緒；故意煽動對方，並不會讓你確實看見他的真面目，只會讓你的人際關係倒退一步。

1.

勇於面對，才能解開心結

生活中沒有解決不了的問題，
人與人之間也沒有必須的敵意與敵對，
特別是面對自己身邊的人。

好運總有一天會出現

抗壓力越來越弱的現代人，你是否願意重新給自己一個機會，接受這些叮嚀和鼓勵，繼續堅持，不再輕易放棄呢？

挑戰，通常充滿了難以預料的變化和未知數，所以不是每個人都敢讓自己處於隨時面臨挑戰的環境。但是，大多數人都忘了，其實真正的成功，卻總是存在於這些變化和未知裡。

想要迎接挑戰、克服困難，首先就得要不在乎別人的懷疑和嘲笑，並且相信自己所做的是最好的選擇。

人生隨時都會有新的開始，每一個新開始也都像嬰孩學步一樣，第一步都

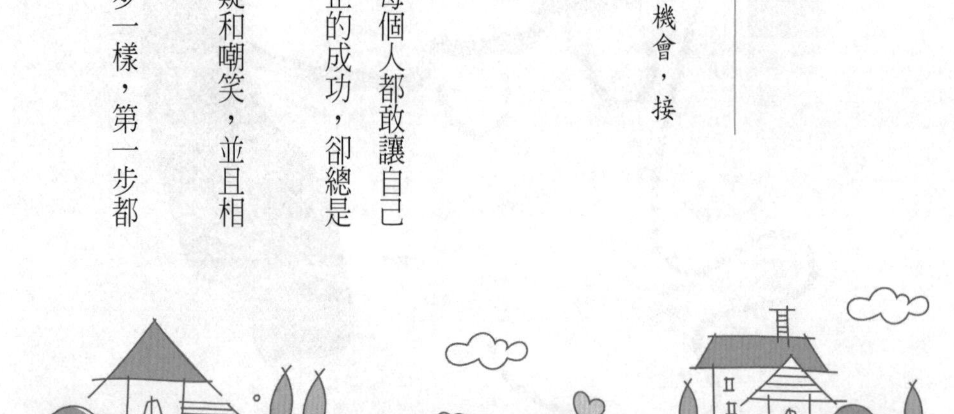

會跌倒，即使順利地走了兩步路，也還是會有跌倒的時候。

但是，如果跌倒後就不願再站起來，繼續試著邁出自己的步伐，我們現在又怎能「健步如飛」？

每當皮爾失意時，母親都會對他說：「不要爲了眼前的不如意沮喪，只要你能堅持下去，好運總有一天會出現。而且你也將發現，如果沒有這些失望的經驗，你永遠也不會知道什麼是好運，不是嗎？」

母親的這番話，直到大學畢業後，他才有切身體驗。

當時，他決定到電台找份工作，希望能成爲一名專業的體育播音員。畢業典禮後的第二天，他就走遍芝加哥的每一間電台的大門，但是一天下來，碰了一鼻子的灰。

到了傍晚，他走進了一間播音室，裡面有位和氣的女士告訴他：「你的資歷太淺了，大電台是不會僱用新手的，我想，你不妨多找幾家小電台，機會或

許比較多一些。」

皮爾說了聲謝謝，便搭便車回到了迪克遜，這裡雖然沒有電台，但是皮爾的父親告訴他：「蒙哥馬利．沃德公司在這裡開了一家商店，正需要一名當地的運動員去經營他的體育專櫃。」

於是，皮爾以大學時的橄欖球隊經驗，希望能應徵進入這間體育用品公司工作。但是，幸運之神似乎仍未出現，他再次失敗了。

看到情緒低落的皮爾，滿臉失望的神情，母親再次鼓勵兒子：「放心，只要繼續努力，機會一定會出現。」

於是，他又借了父親的車，來到七十英哩外的一家電台。

這家電台的節目部主任名叫彼特．麥克阿瑟，他親切地對皮爾說：「對不起，我們已經找到播音員了！」

皮爾一聽，不禁大失所望，嘆了口氣說：「不能在電台工作，我又怎能成爲體育播報員呢？」

誰知，皮爾走來到電梯時，彼特．麥克阿瑟突然又走了過來，問他：「你剛才說，你曾經是橄欖球員嗎？」

皮爾點了點頭，接著彼特．麥克阿瑟讓皮爾站在一架麥克風前，請他憑想像，播報一場橄欖球賽。

皮爾想起了前年的秋天的一場比賽，他用最後二十秒的時間，以一個六十五碼的猛衝擊敗對手的精采戰況。

用親身經歷進行的試播自然精采萬分，試播之後，皮爾馬上被告知：「星期六要轉播的那場比賽，就看你囉！」

在回家的路上，皮爾不禁想起了母親常說的話：「堅持下去，好運一定會到來。」

人的情緒太容易受到外在環境的影響，面對不如己意的事情，最重要的應當是先處理好自己的心情，這將決定你最後是化阻力爲助力，舉步向前邁進，抑或就此敗在惡劣的情緒之下。

有句西方諺語：「堅忍是成功的要素，只要你在門上敲得夠久夠大聲，一定能把人們喚醒。」

這個道理就像皮爾的母親經常對他說的：「只要你能夠堅持下去，好運總有一天會出現！」

抗壓力越來越弱的現代人，你是否願意重新給自己一個機會，接受這些叮嚀和鼓勵，繼續堅持，不再輕易放棄呢？

「跌倒了再站起來」，不是老生常談，而是連接我們成功目標的重要紅線，只要我們能不斷地再站起來，我們便一定能體會這個簡單的道理：「堅持下去，你就會遇見好運！」

掌控自己的命運，就不會厄運纏身

沒有人可以逼你放棄希望，即使狂風暴雨也不能吹熄你的夢想，因為真正能掌控我們的人，只有我們自己。

如果，你經常讓負面情緒左右自己，在你的腦海中只有不幸的念頭，那麼在你的現實生活中必定會是不幸的。

因爲，你的生活腳步會跟著心的方向前進，朝著「不幸」的方向走去，這不是什麼神奇巫術，而是心理學上常說的「自我暗示」。

博格在二十五歲，事業到達巔峰那年，正準備迎娶美嬌娘。

然而，就在這時，厄運找上了他。

那天，他和一位朋友開著車，要到未婚妻家談論婚禮的事，由於路途遙遠，博格開了八個小時之後，發覺自己精力似乎不太行了，於是請朋友來駕駛，豈料從此改寫博格的命運。

開夜車實在是件很辛苦的事，除了視線不佳之外，體力也是一大考驗。一個半小時之後，朋友就因打瞌睡，伏在方向盤上睡著了，失去掌舵的方向盤，就這樣連人帶車朝山壁撞去，車子停下來時，博格已經不醒人事了。

當他醒來時，醫生宣佈他半身癱瘓，於是博格新的生活便在這種情況下重新寫過。醫生說，他再也不能開車了，生活上也得完全依靠他人，甚至還有人建議他，別再提結婚的事了。

博格心中非常害怕，害怕醫生的話將變成事實，躺在床上想：「我的希望和夢想還在嗎？我還能從頭開始嗎？」

博格閉上了雙眼，害怕看見眼前的世界會是一片黑暗。

這時，母親來到他身邊說：「孩子，一切都會過去，然後你會發現，你的生活將比過去更精采。」

博格深深地思考母親的話，忽然感覺到希望和熱誠的光芒正環抱著他，因此下定決心：「我不能就這麼放棄！」

從那天起，博格努力地做復健，慢慢地可以走動，也可以開車了。

一年後，博格沒有像醫生預期的癱瘓在床上，完全靠自己的力量打理生活，絕不假手於他人，不久美嬌娘也娶進門了。

博格後來擁有一家公司，也成為一名專業的評論家，還寫了一本《奇蹟如此發生》的暢銷書。

為什麼博格能完成種種不可思議的奇蹟？

因為，他只記得母親的鼓勵話語，並拒絕了醫生和其他人的喪氣話。

如果博格當初選擇了醫生和朋友們的喪氣話，拒絕了母親的鼓勵，相信眞

的要一輩子躺在床上，靠別人生活了。

還好，博格並沒有那樣選擇，他聽信了母親的話，也選擇了自己想要的夢想人生，積極地改寫自己的命運，不讓厄運纏身，因爲他清楚地知道：「未來就在我手中，我必須靠自己力量再站起來。」

看著博格的積極態度，還在埋怨天不從人願的你，何不用微笑代替煩惱，讓夢想再次走進你的心田，讓陽光繼續照耀你的希望種籽呢？

沒有人可以逼你放棄希望，即使狂風暴雨也不能吹熄你的夢想，因爲眞正能掌控我們的人，只有我們自己，只要我們不放棄，就沒有人能帶走我們的希望，也沒有人能奪走屬於我們的機會！

何必為了小事患得患失

懂得生活珍寶的人，會用心觀察生活中的一切，並轉化為生命活力，並從中獲得創造未來的生命動力。

俄國文豪屠格涅夫曾經告訴我們一個簡單的生活道理：「人每逢為小事不愉快的時候，煩惱就會趁機來威脅他。」

老是活在爲瑣事而憂慮的生活裡，這種人生未免也太卑微渺小了。如果，你不想讓令自己煩憂的小事來打擾自己，首先你必須設法把與它有關的一切從腦中除去，並全神貫注於經營自己的人生。

只要不繼續自尋煩惱，那些讓人苦惱的小事就會出人意料地煙消雲散，生

活就不會因為鬱卒而過得團團轉。

有一位在家修行的居士，非常喜歡問問題，不論是佛法上，還是關於家庭、個人的事，凡事都要請教師父。

問題是，這位居士什麼雞毛蒜皮的小事都問，而且也不願意自己尋找答案，只想勞煩師父給予明確指示。

日子久了，修行不夠的他，發現師父居然能不等他問完話，便輕鬆把答案說出，不禁心生疑惑，暗中想著：「難道師父有不為人知的神通？」

於是，他居然興起了試探師父的念頭。

這天，他又來請教師父：「師父，為什麼會有『團團轉』的情況？」

「因為，被束縛在繩子上了。」師父隨口而答。

聽見師父的答案，居士非常驚訝，忘了要如何說話。師父見狀，忍不住問：「居士，什麼事令你如此驚訝呢？我答錯了嗎？」

居士連忙搖了搖頭，回答說：「不！師父答得很對，我只是對您的智慧，深感驚訝與敬佩！」

師父看著居士，笑著問：「怎麼說？」

居士這才慚愧地說：「其實，這個答案我早就已經知道，因爲今天我在路上看見一頭牛，被一條繩子穿了鼻子纏在樹腰，儘管這頭牛很想走動，然而不管怎麼轉都無法脫身。我猜想，師父應該不曾見過這樣的景象，應該答不出來，沒想到……」

師父微笑地說：「沒想到，我說出了正確答案？所謂一理通百事，你問的是牛被繩子縛住而不得解脫，然而，我答的卻是人心被外在環境束縛而不得解脫，兩者理事是同理得證的啊！」

師父繼續教導著：「衆生就像那頭牛一樣，讓許多煩惱的繩子纏住，以致於人人都在痛苦深淵裡輪迴，所以，我們要精進修學，用智慧的剪刀把繩子剪斷，以求解脫，獲得安樂自在的生活，明白吧！」

居士聽完教訓，恍然大悟，對師父也更加佩服。

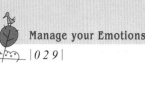

思考著「團團轉」三個字，不知道你是否也領悟了其中旨意？

許多人總愛在小問題上打轉，讓原本輕鬆易解的小事，因爲一顆打不開的心，而演變爲大麻煩，所以故事中的禪師訓誡我們：「不希望生活痛苦，就別鑽牛角尖，自尋煩惱。」

「一理通百事」，生活哲理或是佛理禪機，其實一直與我們生活在一起，懂得這個生活珍寶的人，會用心觀察生活中的一切，並轉化爲生命活力，還會細心照料這些難能可貴的生活片斷，從中獲得創造未來的生命動力。

喬治．彭斯曾說：「如果有什麼事不是你的力量所能控制的，那麼就沒有必要發愁，如果你還有什麼辦法可想的話，那麼還有什麼好發愁的？」

遇事不用大腦，無端地煩惱，無端地爲小事鬱悶，是人的通病。如果事情不是你能力所及，再怎麼煩惱也無濟於事，如果問題是你能處理的，又何必爲了暫時不順利而焦慮發愁呢？

人生當然不可能沒有失意煩惱，但是也沒有絕對過不去的難關；與其抱怨環境、抱怨別人，不如用微笑代替煩惱，讓自己學會過得從容自在，才不至於老是讓負面情緒控制自己。

其實，人們煩惱的最大來源，在於對小事的患得患失，如果你能看透這層道理，懂得有所取，必須有所捨，那麼你就不會再爲小事煩憂。

想要做一個優秀的人，就必須學會戰勝自己的情緒，要用理性和智慧面對事情，而不是任由情緒控制自己。

勇於面對，才能解開心結

生活中沒有解決不了的問題，人與人之間也沒有必須的敵意與敵對，特別是面對自己身邊的人。

作家約翰·凱勒斯告訴我們：「人與人的互相援助精神，把多數人的心靈結合在一起。由於這種可貴的聯繫，我們的生活才會不斷向前躍進。」

互助精神會使我們和別人在思想上，或是在感情上進行正面交流，並且在彼此需要的時候相互伸出援手。

人與人之間哪來的那麼多仇恨？

沒有相識一場，又怎麼會與人結怨？既然人與人都是從「相識相知」開始

的，就算後來情誼無法再回到最初相識之時，只要你願意，彼此之間至少也能來個「好聚好散」。

迪克森的祖母在年輕時曾有個宿敵，她是威爾斯太太。兩個女人之間的敵對是怎麼開始的，大家都已經忘了，不過小迪克森卻清楚記得，小時候經常目睹的「戰鬥」過程。

像是威爾斯太太幫助侄女當選圖書館管理員，導致迪克森的姑姑落選後，迪克森的祖母便停止借閱圖書館的圖書。

還有一次，迪克森和幾個朋友們把一隻蛇放進威爾斯家的水桶中，祖母看見時只是象徵性地反對一下，卻不阻止孩子們的行動，任由他們惡作劇，甚至在她的臉上還出現了高興的神情。

迪克森這麼做，威爾斯太太的孫子們當然也會如法炮製，他們就曾經在天氣晴朗的時候，趁迪克森家晾完衣服後，把全部床單和衣物弄髒，讓迪克森的

媽媽重新洗過。

迪克森不禁回想：「當時，我經常想，面對威爾斯家這些騷擾和敵意，祖母怎樣忍受得住？」

後來他才知道，祖母在《波士頓報》上的一個家庭版，結識了一位化名為海歐的筆友，她倆保持了二十五年的通信聯繫，迪克森的祖母把這位筆友視為親姐妹一樣，不管心中有什麼話，都告訴了海歐，而海歐也會回信安慰她，並教導她如何把心放開。

在迪克森十六歲那年，威爾斯太太不幸病逝，依當地風俗，住在同一個小鎮上的居民，不管對這位隔壁鄰居有多憎惡，面對死亡，大家還是會自發地幫助死者家屬，這其中當然也包括迪克森的祖母。

這天，祖母穿了一件乾淨的圍裙出現在威爾斯家，表明她想要幫忙的誠意，於是威爾斯家的女兒便請她幫忙打掃前廳，以備葬禮時使用。

就在此時，迪克森太太發現桌子上有一本剪貼簿，而在剪貼簿裡，她看見了她寫給「海歐」的信和「海歐」準備寫給她的回信。

忽然間，迪克森的祖母放聲大哭，她這時才知道，生活中的死對頭居然是她最重要的心靈之友！

那是迪克森唯一一次看到祖母放聲大哭，後來他才明白奶奶的「哭泣」：「她哭泣是因爲，友好的時光再也補不回來了。」

我們經常笑說夫妻關係是「冤家聚首」，總是要吵鬧過後才能讓感情更進一步，一般情誼又未嘗不是如此？

事實上，我們也時常見到兄弟姊妹之間，或親朋好友之間，大吵一架之後，終於誤會冰釋，感情也比從前更好。

是冤家還是朋友，就看我們怎麼看待，怎麼溝通。沒有人能眞正地如膠似漆，即使是恩愛夫妻也會有小爭執，只是在爭執發生的時候，他們不冷戰，不逃避，而是選擇面對和溝通。通常，只要放下手上的雜事，找出解決問題的方法，就能打開兩個人心中的結。

那麼，人與人之間的友情是不是也應該如此？

看著迪克森老奶奶的遺憾，在你心中是否也有著同樣的擔憂，擔心有一天也會發生相同的「遺憾」呢？

假使不希望人生有任何遺憾，那麼就快點敞開心溝通吧！法蘭西斯．培根曾經寫道：「無論你怎樣表示憤怒，都不要做出任何無法挽回的事！」

想擁有圓融和樂的人生，就千萬別用惡劣的心情去決定事情。

生活中沒有解決不了的問題，人與人之間也沒有必須的敵意與敵對，特別是面對自己身邊的人，因爲，即使彼此是「冤家相聚」，也要兩人結緣了千百年，才能在人世再次相逢啊！

不如意，就要適時鼓勵自己

我們何不多給人們一些鼓勵，讓他們有更積極的生活情緒，快樂地享受人生呢？同時也給自己多一點積極的力量吧！

作家哈伯特曾經如此寫道：「那些習慣為了小事而自尋煩惱的人，永遠不愁自己會找不著煩惱。」

確實，我們經常看到愚蠢的人，總會因爲別人冷淡或否定的話語而患得患失，最後不斷讓鬱悶的情緒左右自己。

沒有人喜歡聽見否定的聲音，也沒有人應該被「否定」給打倒，只要你很清楚自己的實力與需要，就能給自己多一些希望，多一些積極的力量。

一如往常地，阿里又準備出去慢跑了，對他來說，早上能抽出時間跑步，是件非常重要的事。

但是，今天出門前母親卻對他說：「我認爲跑步對身體沒什麼好處，聽說那個著名的長跑健將已經死了。」

阿里原本想反駁母親的看法，不過轉念間，他想：「算了，她不明白我的情況，何必和她爭辯呢？」

但是，當阿里開始小跑步時，卻發現，母親的那番話居然不知不覺地影響了他。阿里想：「我可能會在路上像父親一樣心臟病發，當初他也是毫無預警地走了，而且每個人都認爲他比我健康、強壯啊！」

當小跑步變成了走路，阿里的心情被母親的否定話語給擊倒了。已經是年近半百的阿里，其實很清楚自己的需要，他仍然很希望能聽見母親的一句鼓勵，即使只是一句簡單的「跑得不錯」也好。

當阿里準備轉身回家，又看見那位每天早上都會遇見的華裔老先生。

阿里每天早上遇見他時，都會精神抖擻地朝著他喊：「早上好！」而這位老先生也會微笑地點了點頭。

今天，老先生再次出現在阿里的前面，還站在他回去的跑道上，讓他不得不停下來。阿里有點生氣，因爲母親的否定，破壞了今天晨跑的情緒，現在又遇見這個人擋住了自己的路。

忽然，老先生指著他的T恤，這是朋友在中國春節時送給他的，正面有三個漢字，背面則是中國城風景。只見老先生用彆腳的英語，指著T恤上的漢字興奮地說：「你會說嗎？」

阿里搖了搖頭，並解釋那件T恤是朋友送的禮物，不過，英文程度不好的老先生似乎沒有全部聽懂。但他卻很開心地對阿里說：「我每次遇見你，都覺得你很棒、很快樂。」

阿里一聽，心中似乎又喚起了希望，雙腳也突然間有種無法解釋的力量，轉過身，又繼續跑了六英哩多。

抬頭看著早晨的天空，阿里的心中泛起了一陣激動，雀躍地想著：「我眞的很滿足，很快樂，很棒！」

就這樣，阿里繼續他的慢跑之路，也參加了不少馬拉松大賽。雖然他沒有拿到任何獎盃，但是在他心裡永遠有一個支持的力量，就是那位老先生的話：「你的確很棒，很快樂。」

看到阿里因爲母親的話而沮喪之時，一定有很多人很想給他一些肯定，鼓勵他繼續前進。

之所以如此，是因爲我們都希望被肯定，更期待人們的讚美和鼓勵，只要能得到一點點支持的力量，我們的生活就會充滿快樂和希望。

相同的道理，遇到別人不如意的時候，我們何不多給人們一些鼓勵，讓他們有更積極的生活情緒，快樂地享受人生呢？

別爲小事鬱悶，同時也給自己多一點積極的力量吧！

無論如何，你的雙腳就在你的身上，未來的路不管是用跑的還是用跳的，決定權都在你的手中。

如果你無緣遇見肯定你的「華裔老先生」，那麼，能夠給你積極生命力量的，只有你自己了。無論遭遇什麼煩惱，都要不斷地鼓勵自己：「你的確很棒，很快樂。」

因爲，這個支持力量會轉化爲你的內在動力，成爲積極地肯定自己，並且不斷超越自己的無限能量。

互相尊重是維護自尊的最好方法

每個人都需要被尊重，包括還不懂事的小朋友，每個人都需要自尊，包括還在學習成長的小朋友。

有人很容易因爲人們的嘲笑而自卑退縮，甚至放棄自己。

但是，他們卻不知道，人們的嘲諷很多時候是出自無知，或是爲了掩飾自己的不足。只要我們多一點自信，往前大跨一步，自然能封住他們的口，並讓他們躲到無人看見的角落。

生長在三〇年代初期的保羅，家庭狀況和多數人一樣貧困。當時，孩子們通常早早就出去打工，幫忙維持家計，保羅在這個大家庭中年紀最小，所以他的衣服都是兄長們傳下來的，就像鞋子一樣，只要腳拇趾沒有曝露，不管鞋底磨損到什麼程度，孩子們就得繼續傳承，直到破得無法縫補爲止。

感恩節的前一天，保羅家收到了一箱外出工作的姐姐寄來的東西，心急的保羅連忙打開箱子，卻只看見一雙姐姐的鞋子，靜靜地躺在其中。這時，母親看了看保羅腳上的破鞋，便拿出這雙鞋遞給他。

但是，保羅說什麼也不肯接手，哭著連連搖頭：「那是女生的鞋子，我才不要穿。」

家人們心疼地看著保羅，母親對著保羅說：「孩子，媽咪對不起你，但是，我們家眞的沒有別的鞋了，冬天就快到了，如果你不穿上它，腳趾頭會凍傷的。」

父親也走過來，拍了拍保羅的頭，但是什麼話也沒說，而最疼愛保羅的哥哥也摸了摸弟弟的頭說：「放心，一切會好起來的。」

保羅脫下腳上的舊鞋，雙腳輕輕地放入了這雙褐色、尖頭的新二手鞋中，站起來，發現跟部高了點，但是穿起來還挺舒服的。

第二天，保羅有點勉強地穿著「新鞋」上學去，當他到達學校時，奧圖爾正巧站在那裡，他是保羅的「敵人」。

忽然，奧圖爾大喊一聲：「你們看，保羅穿女鞋耶！」

保羅羞愧得想往教室的方向奔去，然而奧圖爾卻一把捉住了他，並吆喝大家來圍觀。這時，校長突然出現，大喊了一聲：「快進教室！」

保羅趁機擺脫了奧圖爾，跑進了教室，但是，奧圖爾卻沒有就此罷手，每節下課時間，都會走到保羅的身邊嘲笑他。

中午前，校長又走進來訓話了，他邊走邊說，突然，他停在保羅的身邊，不再說話。保羅抬起頭看著他，沒想到校長正盯著姐姐的鞋，保羅滿臉漲紅地把腳縮了進去，然而就在保羅縮腳時，校長卻說：「那是牛仔鞋！」

保羅不解地看著校長，只見校長又說了一遍：「我在西部住過，這是牛仔鞋沒錯，孩子，你怎麼得到這雙牛仔鞋的？」

孩子們聽見是傳聞中的西部牛仔鞋，個個都擠到保羅的身邊，好奇地想看看什麼是「牛仔鞋」？不一會兒，教室裡充滿了驚嘆聲：「哇！保羅居然有一雙眞正的牛仔鞋耶！」

從羞愧到驕傲，保羅的臉上的笑容頓時展開。

只見校長笑著說：「這是我見過最漂亮的牛仔鞋，保羅，如果你願意的話，讓同伴們好好地見識一下這雙牛仔鞋吧！」

保羅點點頭，孩子們立即排成一列，等待著試穿「牛仔鞋」，其中也包括曾經嘲笑過這雙鞋的奧圖爾。接下來，每當有人又想試穿的時候，保羅總是得意地說：「我得考慮一下。」

看著保羅由原先的「畏縮」轉變爲後來的「驕傲」，我們也看見了「尊重」與「自尊」的重要性。

其實，校長很清楚，只要給保羅腳上的那雙鞋子一個新身份，這個孩子便

能換回尊重與自信，那麼讓鞋子換一個不屬於它的新名字，又何妨呢？

在生活當中，你是否也曾經適時扮演過「奧圖爾」？是否也像保羅一樣，受過相同的傷害？

每個人都需要被尊重，包括還不懂事的小朋友；每個人都需要自尊，包括還在學習成長的小朋友。沒有人不希望得到尊重，就像故事中的保羅與其他小朋友，我們可以相信，其實校長最希望看見的是，孩子們能夠自發地相互尊重，並付出友愛的關懷。

退一步，幸福的空間更寬廣

對人多一點包容絕對有益無害，因為我們每退一步，對方接納與包容我們的心就會更進一步。

莎士比亞曾經寫道：「為了一件小事爭執不休，往往會使這件小事顯得格外重大，甚至會讓你惱羞成怒。」

想要抑制惱怒的情緒，就必須擁有一顆寬容的心，當你懂得適時退讓，就不會動輒爲了芝麻小事而煩悶。

退讓，才是解決爭端的最好方法，所以別那麼堅持己見，大家各退一步，讓彼此多一點包容的空間，我們才看得見幸福的天空。

泰德對一位老同事抱怨說：「我老婆最近脾氣好暴躁喔！老是爲了一些小事情發脾氣，還經常莫名其妙地罵孩子，她以前不會這樣的。」

同事聽完後，便問：「你們最近有沒有吵架？」

泰德想了想說：「嗯！好像有，我們之前爲了裝修房間的事大吵一架，因爲，妻子比較沒有色彩概念，所以我希望用我選的顏色，但是她卻堅持要用另一種顏色，說什麼都不肯讓步。爲了美感，我當然也不能讓步，因爲她對顏色的判斷力眞的很差！」

同事聽到這裡總算找出原因，於是他又問：「那我問你，如果她今天說，你的辦公室佈置得很差，要幫你重新佈置，你會怎樣？」

泰德立即說：「當然不行了，這是我的房間，怎麼能讓她決定？」

同事安撫著他：「這不就對了嗎？你的辦公室是你的權力範圍，而家裡的一切多數是屬於她的權力範圍，如果要按照你的想法去佈置廚房，她的反應必

定和你現在一樣。」

同事拍了拍他的肩膀說：「只要有兩個人以上的討論空間，那麼任何人都有否決權，不是嗎？」

泰德聽了同事的話，恍然大悟地說：「也對！」

回到家中，泰德立即對妻子說：「妳喜歡怎麼佈置房間就怎麼佈置吧！這是妳應有的權力，只要這個家舒服就好，是吧！」

妻子忽然聽見泰德這麼說，有點難以置信，吃驚地看著他，於是泰德老實地說出同事的分析，並向老婆說抱歉。

就這樣，房間裡的色彩在夫妻倆的討論下，有了最好的結果，最重要的是，這個家終於又重回和樂的氣氛。

人們總是喜歡爲了小事爭執，爲小事衝突，不是嗎？

在這個本位主義高張的時代，人們很容易起爭執，因爲每個人都以個人爲

主軸，總是認爲自己才是最好、最正確的，所以，我們經常看見各持己見的兩個人，站在獨木橋的中間互不退讓，結果以兩敗俱傷收場。

只是「退一步」，眞的有那麼難嗎？

其實，不只是夫妻之間的相處，我們日常生活中的待人處事更應當如此，對周遭的人多一點包容絕對有益無害，因爲我們每退一步，對方接納與包容我們的心就會更進一步。

互相幫忙就能找到正確的方向

試著問問別人的意見或換個方向思考，你自然能解開心中的結，即使得一刀剪斷，重新開始，那也會是一個最好的開始。

迷失方向的人，最期待的就是有人能及時伸出援手，帶領自己走出迷宮，幫助自己找到正確的人生方向。

然而，這樣幸運的經歷，並不易見，所以不妨主動開口請求支援，並換個方向看，這樣就看見生活的出口了。

適時尋求別人的幫忙，會讓我們更容易找到正確方向，相對的，如果每個人都能夠用愛心對待周圍的人，這個世界一定會變得更美好。

羅莎老夫人雖然雙眼失明，但是在生活上她堅持要靠自己，絕不依賴他人。每天黃昏時分，她都會獨自外出散步，認爲這樣不僅能鍛鍊身體，還能呼吸到新鮮空氣，強健體魄。

沿著熟悉的途徑，她利用手杖觸摸四周的物體，讓自己熟悉這些事物的位置，她的辨識能力極強，從未迷路過。

但是，生活中難免會有一些改變和意外狀況，這天她再次出門散步，走到某條必經的小路時，手杖卻觸碰不到熟悉的松樹。

原來，人們已經砍倒了一排她散步時必經的松樹。

失去觸碰式的「指標」，羅莎有點亂了方寸，心想：「怎麼不一樣了呢？這下子可麻煩了。」

她停下了腳步，呼叫著：「有沒有人啊？」

但是，停了幾分鐘，四下仍然安靜無聲，完全沒有人走動的聲音。於是，

她又往前走了一兩公里，就在這個時候，她聽見腳底的水流聲。

羅莎驚叫了一聲：「啊！有水？」

她再次停下了腳步，煩惱地猜想：「我恐怕迷路了！我現在一定站在橋面上，底下一定是穿越本郡的運河，這下可糟了，我從來沒來過這裡，要怎樣才能走回家呢？」

突然，在她身後傳來一個男子的問候聲：「太太，您需要幫忙嗎？」

羅莎一聽見身邊有人，立即鬆了一口氣，感激地說：「感謝您啊！好心的人，我傍晚散步時迷路了，因爲在我熟悉的路上有一排樹不見了，害我找不到回家的路，還好遇見了您，要不然我眞不知道要怎麼辦，可以請您帶我回家嗎？」

男子爽朗地回答：「沒問題，請問，您住哪兒？」

羅莎太太把地址告訴了他，也順利地回到了家。

好客的羅莎熱情地邀請恩人進屋，想以咖啡和糕點表示謝意。

但是，這個男子卻說：「別謝我，因爲該感謝的人是我。」

羅莎吃驚地問：「你？怎麼會是你呢？」

男子平靜地說：「其實在我遇您之前，我已經在那座橋上站了很久很久。我本來要跳河自殺的，但是，當我看見您需要幫助時，忽然又不想死了，因爲我想到一些未完成的事，我不能就這樣放棄。」

羅莎聽了，開心地笑著說：「是嗎？那你也不必謝我，不如我們一起感謝上帝的巧妙安排吧！」

兩個同時「迷失方向」的人，巧合地相遇，也巧合地幫助彼此找到了繼續前進的方向。曾失去方向的你，是不是很羨慕這樣的巧遇與醒悟呢？那麼要怎樣才能有這些巧遇和自救呢？

故事中藏了一個提醒：「自己的生活要靠自己爭取，即使能力不足，也別急著退縮，因為在每個人的身邊，都會有一個能與你相輔相成，願意伸手支援你的人，只要你願意開口、尋找。」

不要讓情緒主宰自己，此刻的你，如果心中正纏了一個解不開的結，何不開口請身邊的人幫忙？

生活上沒有解決不了的問題，面對大大小小的煩惱，和不同難易程度的麻煩，即使被打了個死結，我們也千萬別糾結其中。

試著問問別人的意見或換個方向思考，你自然能解開心中的結，即使情非得已，必須一刀剪斷，重新開始，那也會是一個最好的開始。因爲，在這個結上，你已找到了自己的方向。

2.

不要用猜忌來保護自己

快樂的日子並不在於別人能給你什麼，
而是你用什麼樣的態度，去看待你的生活，
又用什麼樣的角度，去發現你的美麗人生。

發揮潛能就能開創精采人生

不要隨便否定他人，也不要輕易地否定自己，只要不放棄，每個人都有機會發揮最大的潛能，開創最精采的人生。

最先提出「自卑感」一詞的奧地利心理學家阿德勒，在《超越自卑》一書中曾經指出：「我們在日常生活中所發生的一切衝突與糾紛，大都起因於那些讓人覺得討厭的聲音、語調，以及那些不良的談吐習慣。」

所謂不良的談吐習慣，就是以嘲諷、輕蔑或嚴峻的態度否定別人。

每一個人都是獨一無二的，每一個人都有他獨特的長才，許多還找不到人生方向的人，需要的是我們的鼓勵和肯定！

珍妮絲正準備把新的講義發給學生們，這時有個男同學不悅地說：「女士，別浪費妳的時間了，我們都是白癡！」

然後，他便揚長而去。第一天教學的珍妮絲聽到學生這麼說，所受的打擊很深，跌坐在椅子上，並懷疑自己是否適合當老師。

這時，一位同事說：「我以前也帶過這班，實在是很糟糕的一群！」

珍妮絲難過地看著同事：「我不知道該怎麼辦！」

這位同事回答說：「別擔心，我在暑期班曾教過他們，他們大部分都無法畢業，妳不必在那些孩子身上浪費時間。」

珍妮絲不解地問：「爲什麼這樣說？」

同事說：「這些孩子都是貧民區一些臨時工或小偷的孩子，他們高興來時才會來，根本不想唸書，妳只需要讓他們保持安靜就夠了，如果他們再惹麻煩，就把他們送到我這裡來。」

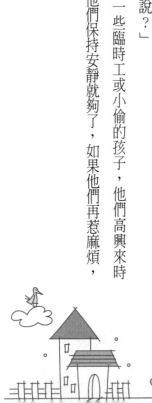

珍妮絲聽完，心中一陣難過，回家途中，那位男同學所說的「我們是白癡」，不斷出現她的腦海：「白癡？不是的，我一定可以幫助他們！」

第二天，珍妮絲一進教室便在黑板上，寫下「ECINAJ」幾個字。

珍妮絲笑著問：「這是我的名字，有誰可以告訴我，這是什麼意思？」

當孩子們嘲笑著這個怪裡怪氣的名字時，珍妮絲又轉身，在黑板上寫下「JANICE」，這次學生們很正確地唸出了這個字。

「是的，你們說對了。」珍妮絲說。

「其實，我以前有學習上的障礙，醫生說那是『難語症』。我開始上學時，完全沒法子正確拼出我的名字，而我也被人們貼上『白癡』的標籤。」

有人問：「那妳為什麼還能當老師？」

珍妮絲說：「因為我恨人家這麼叫我，我並不笨，而且我很喜歡讀書。如果你喜歡『白癡』這個名稱，那麼請你換個班級，因為在這間教室裡沒有白癡。因為，我不會對這個班級的學生放鬆要求，我會和你們一起加油，直到每一位同學都趕上進度為止。你們會畢業，也有人會考上大學。我不是在跟你們開玩笑，因爲那是我的承諾。」

珍妮絲停了一下，又說：「從今天開始，我再也不要聽到『白癡』這兩個字。你們明白了嗎？」

從這天開始，這群被嘲笑爲白癡的孩子們進步神速。兩年後，這個被視爲「笨蛋」聚集的班級全都畢業了，其中有六位是準大學生。

還記得小時候的分班分段經驗，那些被歸類於後段班的學生，所承受到的壓力與異樣眼光，有多少人認眞地去關心、了解？

也許，有人很幸運地遇見了另一個「珍妮絲」，但是，更多的人就這麼被「放棄」了，不是嗎？

沒有人一生下來就是天才，即使在課業方面表現不突出，也沒有人應該被放棄，因爲繼承生命的每一個人，都有一定的使命與才能，不僅我們不能加以否定，還要勉勵他們不能放棄自己。

所以，珍妮絲才要說：「如果你喜歡『白癡』這個名稱，那麼請你換個班級，因爲在這間教室裡沒有白癡。」

不妨仔細想想，當我們發現學習能力較差的人時，過去都是用什麼樣的眼光看待他們的？

不要隨便否定他人，也不要輕易地否定自己，只要不放棄，每個人都有機會發揮最大的潛能，開創最精采的人生。

只要用心就一定能換得真心

別再用你的偏見，孤立自己的生活圈了。希望贏得別人的認同，想要與人建立良好的關係，那麼我們就要比別人更加主動。

人生的一切變化，都是相對的，也都是心靈作用的結果，只要願意用心，就能換得別人的眞心。

因此，不要再用大人的眼睛看孩子們的世界，孩子們有他們自己的遊戲規則，其實這些規則也曾經屬於我們，只是被我們遺忘了。

或許，成人比孩子們看得更加長遠、更加清楚，但大人們的世界也需要孩子們「簡單的雙眼」、「單純的心」，以及相信「我對你好，你也一定會對我

好」的眞心！

有一天，小查德對媽媽說：「媽咪，耶誕節我們要交換卡片，但是我想爲每一位同學親手做一張耶誕卡片。」

母親看著兒子，支持地點了點頭，然而在她心中卻想著：「難得孩子這麼用心，但是同學們似乎不太喜歡他。」

原來，查德的媽媽接送他上下學時早已發現，小查德似乎和其他孩子們沒有什麼融洽的互動，當其他同學三五成群地聚在一起玩耍說笑時，小查德的身邊卻連一個玩伴也沒有。

雖然，她心中預測兒子不會成功，但是她仍然支持兒子的這項計劃，母子倆便從購買卡紙、膠水和彩色筆等工具開始，花了將近三個星期的時間，小查德精心製作的三十五張賀卡終於完成了。

耶誕節的早晨，小查德興奮地把賀卡排列整齊，小心翼翼放進書包中，開

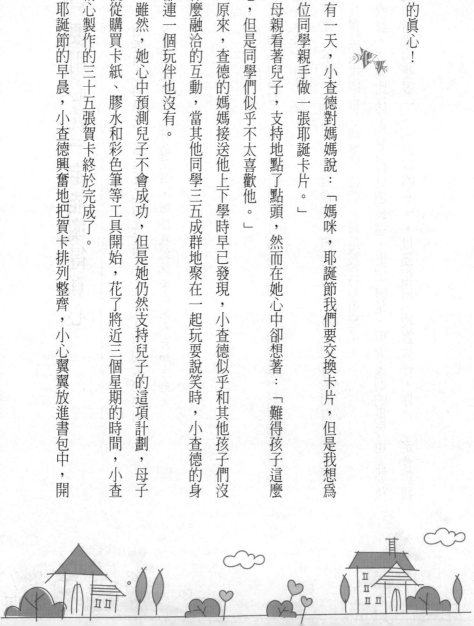

開心心地上學去了。

至於媽媽，今天也決定要爲兒子烤一些他最愛吃的小餅乾，讓他放學後能吃到熱烘烘的小餅乾與熱牛奶，因爲這些將減輕孩子的「失望」情緒。

當孩子們放學的聲音熱鬧起來時，她朝著窗外望去，看見孩子們正熱烈的迎接節日，而小查德，依然跟在大家的身後，不過今天的步伐似乎比平時快了些。當她注意到孩子的手上什麼也沒有時，禁不住濕了眼眶。

小查德跑了進來，她立即抑制住淚水，溫柔地說：「你看，媽媽爲你準備了小甜餅和牛奶喔！」

但是，小查德似乎沒聽到她的話，反而直撲她的懷裡，嚷著：「一張都沒有，一張都沒有。」

媽媽以爲小查德在抗議，正準備安慰他時，查德又嚷著：「媽媽，我的卡片被同學們拿光了，好開心喔！」

從小查德的身上，你是否也學會了簡單的眞心？

如果查德媽媽當時沒有支持兒子的計劃，選擇了否定兒子，那麼，我們可以想見，小查德的人生必定只有孤單和孤立。

所以，別再用大人的偏見，去猜測或阻止孩子們的付出，也別再用你的偏見，孤立自己的生活圈了。

希望贏得別人的認同，想要與人建立良好的關係，那麼我們就要比別人更加主動，就像小查德的世界一樣，沒有疏離與偏見，因爲在童眞的世界中，只要有表現，只要小手牽上小手，情誼自然就能展開。

互相肯定更能增強信心

試著用相互鼓勵的方式重建信心吧！因為，不管自信心多麼的強，所有人還是會期待，來自於「你的肯定」！

不管是學生或是上班族，沒有人希望被鄙視，更沒有人會期待被責罰，因爲那些帶點情緒性的責罵，很容易讓人失去信心，失去原有的實力。

面對不如意的情勢，能夠克服自己的不滿和低落的情緒，不任意責怪別人，試著以鼓舞的方法解決難題的人，才是一個成熟的人。

海倫是一位六年級的導師，開學的第一天，一踏進教室，便看見三年前教過的一位學生。

海倫看著他，笑著說：「馬克，又遇見你了。」

馬克也笑著說：「是的，老師，又要麻煩您糾正我了。」

海倫笑著點頭，這時她想起三年級時的馬克是個很淘氣的小男生，每當馬克犯錯，被老師處罰時，總是這麼說：「老師，謝謝您糾正我。」

如今，海倫看見馬克似乎成長許多，不再那麼調皮，上課也專心許多。

有一天，馬克對她說：「老師，這學期的數學比較難，我必須很專心地聆聽，才能聽得懂，當然還是要謝謝老師您的教導。」

海倫看著禮貌周到的馬克，忽然想起其他同學們，似乎也陷入數學概念的苦戰中，因爲這門困難的課程，似乎使他們挫折感越來越大，彼此之間甚至產生抗拒和對立的狀況。

於是，她想起馬克的互動方式：「他們可以互相鼓勵、突破問題。」

上課鐘聲響了，海倫一走進教室，便要求學生拿出一張紙：「你們在這張

紙上寫下其他同學的好處與優點，寫完後就可以下課休息。」

半節課過去了，同學們陸陸續續地交稿，只見馬克走了過來，當他把紙張交給海倫時說：「老師，謝謝您的教導，祝您周末愉快！」

海倫利用周末時間，將每位學生的名字和來自其他同學們的肯定，分別重新抄寫在同一張紙上，並加入了她的評語。

星期一，海倫把寫著「優點」的紙張發給每位學生，不久，台下開始出現騷動的聲音，海倫抬頭看了看大家的表情，隨即放心地微笑，因爲她看見了大家都露出「共同的微笑」！

「眞的嗎？」

「我從來都不知道他們這麼看我耶！」

「居然有人會這麼欣賞我！」

這些討論的聲音很小，但是孩子們的臉上全是無法隱藏的自信光芒。

海倫心想：「相信從今天開始，他們再也不會被數學困擾。」

作家普勞圖斯曾說：「能征服自己的情緒，而不是被情緒征服的人，將被視為一個可靠的人。」

活在這個冷漠又紛擾的塵世，使我們感到苦惱，無法釋懷的，通常是人際互動之時衍生的陰霾，因爲我們越來越不會克制負面情緒，也越來越不會激勵別人和自己。

用同儕的力量互相鼓勵，這不僅是最有效的方法，也是最好的方法，所以海倫老師能輕易地重建學生們的信心，喚起孩子們的學習興趣。

反觀我們的教育方式，仍然習慣用「比較」與「責罰」來刺激孩子，希望能「逼」出一個天才，然而眞的逼出來了嗎？還是逼出另一個問題學生呢？

再給彼此一次機會，試著用相互鼓勵的方式重建信心吧！因爲，不管自信心多麼的強，所有人還是會期待，來自於「你的肯定」！

批評是最好的成長激素

因為有瑕疵，批評的聲音才會出現，找出缺點，一一修正，直到批評聲音減弱，你自然就會得到你想要的機會。

不要被自己的缺點蒙住了成長的眼睛，也不要用自以爲是的態度，堵住了別人批評的聲音。

批評是最好的成長激素，如果希望自己有所成長，那麼，就要試著用微笑面對，就要有超大的肚量來容納人們的批評。

如果你覺得生活總是不如己意，不妨靜下心來仔細檢討癥結所在，也許，你會意外地發現，其實都是不懂得管理自己情緒造成的。

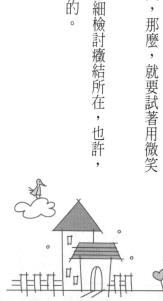

二次世界大戰爆發前，羅納在維也納當一名律師，戰爭爆發後，他逃到了瑞典，爲了維持生計，必須盡快在新地方找份工作。

自詡懂得六國語言的他，很希望能到進出口公司上班，但是事與願違，每間公司都回信告訴他：「戰亂時期，我們並不需要這方面的人才，不過我們會保留您的資料。」

有一天，四處碰壁的羅納又收到一家公司的回信，不過，信上卻毫不留情的這樣批評：「你根本不了解這方面的生意，而且我也不需要替我寫信的秘書，即使需要也不會請你，因爲你的應徵信錯字連篇，瑞典文寫得那麼差，休想進入我的公司。」

羅納看完這封信時，被對方的批評氣得快瘋了，情緒高漲的他立即拿出紙筆，準備給對方一個還擊！

但是，就在他寫下第一個字時，卻猛然停了下來：「等等，或許他說的並沒有錯！雖然我修過瑞典文，可是這畢竟不是我最擅長的語言，也許眞的犯了很多錯誤也說不定！如果是這樣的話，那麼我得再努力學習才行，看來，這個人其實幫了我一個大忙，雖然他說了這麼難聽的話，但是他確實提醒了我。那麼，我應該感謝他才對啊！」

於是，羅納重新整理情緒，提筆寫下他的感激：「謝謝您不嫌麻煩地寫信提點我，特別是您在根本不需要秘書的情況下，還願意撥空回覆我。非常抱歉，我沒有多了解貴公司的需求就貿然寫信給您，還忽略了信中的錯誤，我眞的深感慚愧。不過，謝謝您的回覆與意見，我現在正準備再去學習瑞典文，好好地改正我的錯誤，再次感謝你的批評，讓我有機會修正錯誤。」

信寄出之後的第三天，羅納再次收到那位老闆的信，不過這次他卻請羅納到他的公司看看。羅納去了，而且還得到一份工作。

當你被面試官拒絕時，會表現出什麼反應？是怒氣沖沖地抱怨對方根本不懂得用人，還是謙卑地反省自己到底有哪裡不足？

其實，找工作一點也不難，眞正困難的地方是，我們連自己的缺點和能力在哪裡都不清楚，甚至曝露了缺點也不知道。

更糟糕的是，有人還不知道要修正、補強自己的不足，反而在屢屢被「退件」之後責怪別人不識人才。

別忘了，因爲有瑕疵，批評的聲音才會出現，當你又一次失敗的時候，別再抱怨老天爺沒有眷顧你，快學習羅納的自省態度，找出缺點，一一修正，直到批評聲音減弱，你自然就會得到你想要的機會。

微笑，是最好的生活技巧

你現在就可以敞開胸懷，對著身邊的人「笑一笑」，只要有好的開始，你就會越來越懂得如何微笑。

作家穆尼爾．納素夫曾說：「人的生活方式如果一味地延續一系列的舊習慣，那麼毫無疑問的，他會淪為生活的奴隸。」

人活著，不論何時都要活得比從前更美好更精采，更要懂得讓自己的心裡臉上和都充滿和煦的陽光。

每天一大早出門，你有沒有發現，馬路上迎面而來的那些面孔，幾乎沒有一張是「好氣色」的？

當你心煩地看著這一張張臭臉時，有沒有發現，反射在窗鏡上的你，也帶了一張灰色的臉？

史坦哈結婚十八年了，然而這十八年來，他總是一早起來便急急忙忙地上班，連他自己都發現，他似乎從未曾在踏出家門之前，給老婆一個微笑，更別提在那位門口護守了十八年的管理員。

於是，史坦哈經常這麼想：「我一定是這個城市裡最不快樂的人。」

有一天，史坦哈走在路上，又思考著這個老問題，卻不知怎地，不知不覺中走進了卡耐基的「微笑訓練班」。正因爲這個「小迷糊」，讓他從這個訓練班中，找回了快樂的自己。

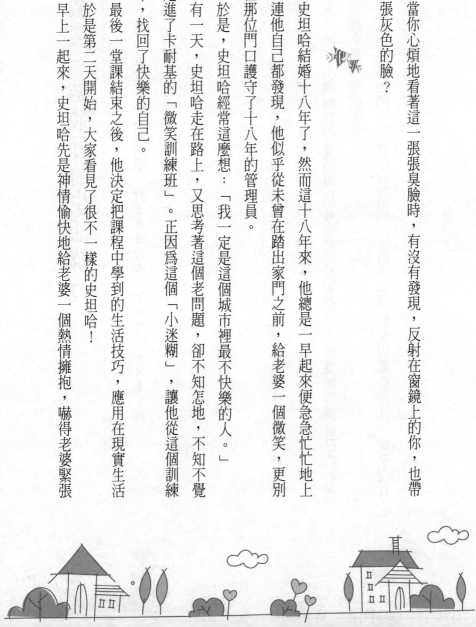

最後一堂課結束之後，他決定把課程中學到的生活技巧，應用在現實生活中，於是第二天開始，大家看見了很不一樣的史坦哈！

早上一起來，史坦哈先是神情愉快地給老婆一個熱情擁抱，嚇得老婆緊張地直問：「你怎麼了？」

接著，他來到了門口，很大聲地向管理員說：「早安！」

由於太大聲了，還讓管理員嚇了一跳。

然後，他來到了火車站，對著售票小姐微笑說早安，與此同時，史坦哈也獲得了一個親切的微笑，這也是他十多年來，第一次見到售票小姐微笑。

幾天下來，史坦哈發現，大家給他的微笑越來越多，而且經常是他還未主動打招呼前，別人就已親切打招呼。

現在的他，每天都帶著愉快的心情出門，面對滿肚子牢騷的人，他不再跟著埋怨，而是靜靜地聆聽他們的牢騷，並用微笑回應一切，而問題似乎在這些「微笑」中，也變得越來越容易解決了。

史坦哈還發現，當態度與心境改變之後，工作也越來越順利了。

這天，他的年輕拍檔忍不住對他說：「我很爲你的改變開心，之前我每天的心情總是被悶悶不樂的你影響。現在，每天看見你微笑，讓我也跟著開心，對了，你微笑時讓人有一種舒服而慈祥的感覺！」

史坦哈笑著說：「謝謝你的肯定，過去實在很對不起。」

拍檔微笑著說：「都過去了，不再重要了。」

史坦哈改變了他的批評習慣，改用欣賞與讚美的方式與人互動，生活也更見陽光笑容。他說：「凡事都要試著從別人的角度去觀看，因爲，我們沒有資格蔑視任何人。」

史坦哈最後總是習慣這麼下結語：「擁有眞正的友誼與幸福感的人，才是眞正富有的人，而這也才是我的理想人生。」

當史坦哈發現，能夠「用微笑生活」才是他的理想人生時，你是否也準備重新估量自己的生活價值？

在找出答案前，不妨到鏡子前面，看看自己的臉，是「微笑」紋多，還是「皺眉」紋多，因爲眞正的笑容是假不了的，即使你硬逼著自己微笑，臉部的神經也會僵硬地告訴你，這是一個「笑不由衷」的臉！

如果你也很想用眞感情微笑，就別想那麼多了，我們都是大自然的神奇產物，天生就有自己的情感，只是長久以來，被過多不值得煩憂的小事困住，忘了怎麼開懷大笑而已。

試著用微笑代替煩惱，你現在就可以敞開胸懷，對著身邊的人「笑一笑」，只要有好的開始，你就會越來越懂得如何微笑。

還有，慢慢地你還會發現，街上的「微笑」也越來越多了，如果你感到好奇，不妨上前問一問，相信他們的答案都是：「我們這個眞情、甜美的笑容，都是因你對著我們微笑！」

不要用猜忌來保護自己

快樂的日子並不在於別人能給你什麼，而是你用什麼樣的態度去看待你的生活，又用什麼樣的角度發現你的美麗人生。

有人說，懷疑、猜忌是爲了保護自己，因而每天繃緊了神經，擔心對方接下來的舉動，或猜測對手的攻擊計謀。

如果用這種態度生活，日子當然過得煩憂，因爲，到頭來眞正受困於「生命牢籠」的人，只有我們自己。

托尼是美國某製造公司的人事主管，雖然他待人處事都很得體，也充分表現出他的樂觀與自信。

但事實上，在他的內心深處，卻經常出現一種不安的感覺。

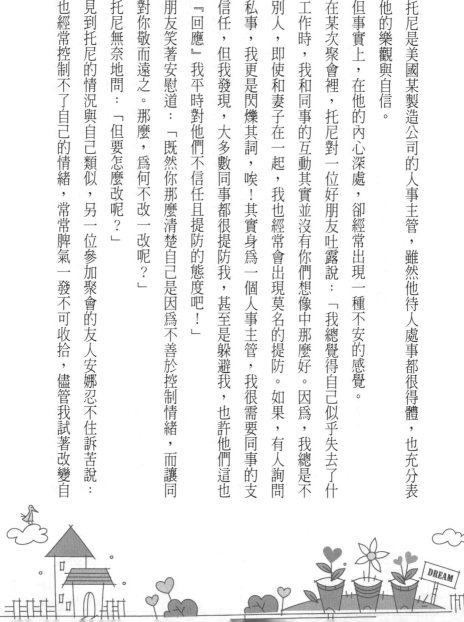

在某次聚會裡，托尼對一位好朋友吐露說：「我總覺得自己似乎失去了什麼，工作時，我和同事的互動其實並沒有你們想像中那麼好。因爲，我總是不相信別人，即使和妻子在一起，我也經常會出現莫名的提防。如果，有人詢問我的私事，我更是閃爍其詞，唉！其實身爲一個人事主管，我很需要同事的支持和信任，但我發現，大多數同事都很提防我，甚至是躲避我，也許他們這也算是『回應』我平時對他們不信任且提防的態度吧！」

朋友笑著安慰道：「既然你那麼清楚自己是因爲不善於控制情緒，而讓同事們對你敬而遠之。那麼，爲何不改一改呢？」

托尼無奈地問：「但要怎麼改呢？」

見到托尼的情況與自己類似，另一位參加聚會的友人安娜忍不住訴苦說：「我也經常控制不了自己的情緒，常常脾氣一發不可收拾，儘管我試著改變自己，讓自己變得親切、愉快一點，只是不管怎麼克制，到最後我還是忍不住爆發出來。這種行爲，讓我的人際關係變得相當惡劣，即使在家中也是一樣。單親媽媽的身份，讓我無法妥善地安排時間給孩子。在同時失去孩子與同事們的信賴下，我眞的很失落，好想放棄一切，但是若我眞的放棄了，孩子怎麼辦？我有沒有機會再站起來？」

朋友看著他們，嘆了口氣說：「你們爲什麼不能多信任別人，信任你的工作伙伴呢？你們的事業都非常成功，資歷也相當良好，凡事不妨換個角度想吧！尊重你的同事，也尊重你自己，別給自己那麼多壓力，如果你連自己的情緒都控制不好，又怎能快樂地生活呢？」

很多人糾著心，不管看見什麼人或遇見什麼事，都沒有一個順眼順心的，甚至面對這樣不愉快的生活，還不斷地責怪外面世界的醜惡。

然而，我們不妨仔細想想，一切眞有那麼醜惡嗎？非得用懷疑、猜忌的態度來防禦別人嗎？

有人說：「傷心時，即使吃蜜糖也會變得苦澀！」

相同的，一味用煩躁和狐疑的情緒看世界的人，就算窗外是藍天白雲，也要被他看成烏雲罩頂了。

好好地整理整理你的情緒，吐一口氣，用微笑面對你的生活與人生，因爲快樂的日子並不在於別人能給你什麼，而是你用什麼樣的態度看待你的生活，又用什麼樣的角度發現你的美麗人生。

站在對方的立場想一想

如果我們太習慣站在自己的角度看對方，很容易就會忽略對方的需求和感受，導致衝突不斷地發生。

心理學家威廉·詹姆斯曾奉勸我們：「想建立良好的人際關係，要先多了解每一個人的主觀信條和所處環境，並尊重他的人格，溝通彼此的思想。」

換個立場，從對方的角度看他所處的環境，不僅能找出解決的辦法，還能預防下一個誤會與代溝的發生。

麗特看著十三歲的女兒瑪芮塔，正在門口用泥土和石頭猛擦新買的牛仔褲腳，頓時吃驚地大聲說道：「天呀！這是新買的牛仔褲啊！妳發什麼神經？爲什麼要這樣糟蹋它？」

說完，麗特還跑到女兒面前努力阻止她的動作，然後搬出「媽媽幼年的故事」，對她說教了一番。但是，麗特完全不知道，一件寬鬆T恤和磨得破破爛爛的牛仔褲正是時下年輕人的流行穿著。

想到小時候窮得沒錢買衣服的困境，麗特對瑪芮塔說：「以前媽咪再窮，也不會穿得這麼邋遢啊！」

但不管麗特怎麼勸，瑪芮塔就是不爲所動，繼續使勁地磨擦著褲子。

麗特很生氣地問她，爲什麼非得把新牛仔褲弄破？瑪芮塔一副理所當然的口氣回答：「我就是不想穿新的！」

麗特大聲地問：「這是什麼理由？」

瑪芮塔也生氣地回答：「不想就是不想，我一定要弄破才穿出門！」

麗特實在無法理解女兒的堅持，特別是褲管上的線越拉越長，褲子上的破

洞也越來越大時，麗特忍不住對友人抱怨：「為什麼她要穿成這樣呢？」

朋友說：「妳不妨到她的學校看看！看看其他女孩們是怎麼穿的？」

這天，麗特眞的來到學校接女兒，並觀察其他女孩們的穿著，結果她發現，其他女孩穿得比瑪芮塔還要「破舊」。

麗特邊開車邊想這件事，接著對瑪芮塔說：「我想，或許對於妳的穿著，我是眞的反應過度了些。」

女兒說：「是過度了。」

這時，麗特又對女兒說：「從今天開始，不管妳在學校或是和朋友出去玩，想穿什麼我都尊重妳的意見，不再過問了。」

女兒驚喜地說：「眞的嗎？太好了！」

「不過！」麗特忽然又說：「如果妳和我一起逛街、拜訪親友時，希望妳也尊重媽咪，乖乖地穿上像樣的衣服好嗎？」

瑪芮塔沒回應，似乎有些猶豫。

麗特繼續分析著：「妳不妨仔細想一想，其實妳只是退讓百分之一，而我卻退了百分之九十九，難道這樣不好嗎？」

瑪芮塔一聽，眼睛爲之一亮，然後立即伸出小拇指，跟媽媽勾勾手指說：「就這麼說定了！」

從此之後，麗特每天早上都快快樂樂地送女兒出門，對她的衣服也不再囉嗦半句，而女兒和麗特一起出去時，也會讓母親很滿意。因爲這個小小的溝通，不僅讓母女倆皆大歡喜，也讓母女的關係更進一步。

親子專家常常勸告父母說：「不要用你的高度看孩子，有時候你也要蹲下來，看看孩子們的小世界！」

其實，不管是面對小朋友，還是你身邊的朋友、同事、主管，很多時候我們都必須換個角度，爲對方想一想。

因爲，每個人的立場不同，成長的背景也不相同，所以解決的方式和技巧也各有所異，如果我們太習慣站在自己的角度看對方，很容易就會忽略對方的

需求和感受，導致衝突不斷地發生。

換個位置看一看不同的視野吧！就像麗特與瑪芮塔一樣，稍微調整一下想法，互相交換觀察角度，不僅能輕鬆解決難解的親子代溝，還讓彼此看見了生活中的多元景觀。

不要為了一條牙膏吵得不可開交

遇上夫妻吵架嗎？別急著幫他們分析利害或勸說分合，因為他們真正需要的不是我們的偏袒，而他們自己能先冷靜下來。

現代人容易爲小事爭執，也容易爲了小事而發生衝突，最明顯的證據就顯現在節節高昇的離婚率上。

有對幸福夫妻間的對話是這樣的：

老公一進家門，即開心地說：「老婆，我回來了，看見妳眞好！」

老婆則立即笑著回應：「老公，看見你回來，我眞的很開心！」

這樣幸福甜蜜的互動，如果能出現在每一對夫妻的身上，相信就不會動輒

爲了一條牙膏之類的瑣事爭吵，離婚率就不會那麼高了。

凱特和妻子是對人人羨慕的夫妻，結婚二十多年來，他們總是爲對方著想，甚至爲對方做一些必要的讓步。

從事寫作的凱特雖然沒有闖出名堂，但是以他目前的工作情況來看，已經很不錯了，而且他還有太太的幫忙，每次寫完連載的短篇小說後，都會交給老婆打字並寄送稿件，而這份工作對凱特太太來說，是意義非凡的。

對凱特來說，回家是最重要的時刻，每當擁抱妻子，親吻她的前額時，他總是問她同樣的問題：「親愛的，我不在家的時候，妳會不會很悶？」

體貼的凱特太太，每次的答案都是：「不會啊！家裡有很多事情要忙呢！不過看見你回來，我更加開心！」

向來把自己視爲丈夫最佳拍檔的凱特太太，和丈夫之間的互動，從不曾冷淡過。但是，凱特太太始料不及的是，凱特居然被一個名叫奧爾嘉的女人迷住

了，她甚至還要求凱特跟她結婚。

已經被迷得團團轉的凱特心想：「唔！那我得先和老婆離婚啊！這也許很容易辦到，我們結婚二十多年，感覺似乎不再那麼熱烈，也許她已經不愛我了，分開應該不會太痛苦。」

雖然有信心「沒有痛苦」，但是性格軟弱的凱特，仍然不知道要如何開口，最後想到了一個方法。

這天，他把自己和太太的情況，移入虛構故事之中，爲了讓老婆看得明白，刻意引用了只有他們夫婦倆知道的生活互動，並在結尾處讓那對夫妻離婚，也讓離開丈夫的妻子，悠閒地渡過她的餘生。

寫完後，他匆匆地把手稿交給妻子打字，便出門了。

當他晚上回到家中，雖然心中猜測著妻子的反應，但嘴中仍然很公式化地問：「親愛的，我不在家的時候，妳會不會很悶？」

沒想到老婆和平常一樣，平靜地說：「不會啊！家裡有很事情要忙呢！不過看見你回來，我更加開心！」

「難道她沒有看懂？」凱特困惑地想著。

直到第二天，凱特才發現，妻子也用相同的方式與他溝通。因爲，妻子把故事的結局改了：「當丈夫提出這個要求後，他們決定離婚了。但是，那位依然保持著純眞愛情的妻子，卻在前往南方的途中抑鬱而死。」

看著修改後的結局，凱特吃驚地發現，原來老婆對他的感情竟是這樣的深厚，於是他決定，要和那個外遇的女人一刀兩斷。

「親愛的，我不在家的時候，妳會不會很悶？」當凱米特回到家裡時，溫柔而深情的語氣問道。

只見妻子微笑地說：「不會啊！家裡有很事情要忙呢！不過看見你回來，我更加開心！」

這樣的故事我們都很熟悉，但是這樣的溝通方式，相信我們都是第一次看見。妻子輕輕地修改了故事的結局，也深深地刻劃下內心的眞情，如此情深義重的「結局」很難不打動人心，不是嗎？

從故事中我們還看見，「冷靜」是妻子成功喚回老公的關鍵，「情深」是她沒有放棄老公的動力，「體貼」則是她贏得圓滿幸福的重要元素，一句「看見你回來，我更加開心」，不僅訴盡了她的無怨無悔，也說盡了共偕白頭的決心。

遇上夫妻吵架嗎？別急著幫他們分析利害或勸說分合，因爲他們眞正需要的不是我們的偏袒，而他們自己能先冷靜下來，好好地想一想：「曾經愛得那麼深刻，怎能爲了一條牙膏而鬧得不可開交，甚至想要離婚呢？」

3.

先接受自己，別人才會接受你

生活上不會有無解的難題，
端看你願不願意敞開心把問題解開，
你的「心」往哪個方向走，
你的世界就會往那個方向去。

放得開，人生就沒有不幸

心懷感恩，生活中便沒有不幸，即使遇見了各式艱難和困苦，你也能輕鬆走過，享受生命的快樂與美麗。

真正的自在生活，是依照自己的意志去做對生命有意義的事情，因爲，只有能夠敞開心胸，不爲無謂的小事煩憂，忘懷生命之中曾經有過的那些痛苦，才是最幸福、最自在的人。

忘記得失，生活才看得見快樂。

如果，你永遠只看見臉上的那道細微的傷疤，並厭煩它的醜陋，那麼你不僅看不到傷痕外的美麗雪肌，還會讓那道傷痕在你的臉上無形孳生。

那年聖誕前夕，多娜的母親請鄰居邁克帶她的小女孩到教堂去。但不幸的是，那天晚上他們卻發生了一場車禍，小多娜也在這場車禍中傷了臉部。

事發當時，邁克緊張地來到多娜身邊，看見她左臉頰的兩道傷口血流如注，連忙拿出急救包，止住多娜的血。

雖然，事故發生的原因是路面結冰以致輪胎打滑而失控，交警追究責任後認定不是邁克的錯，但是，看著花樣般的女孩以後得帶著疤痕過一輩子，邁克仍然非常愧疚、自責。

邁克不敢去探望多娜，擔心女孩會不理睬他，或是怒氣沖沖責罵他，於是只好去問護士，了解多娜的情況。

護士說：「她很好啊！像個小太陽似的，大家都很喜歡她。」

邁克半信半疑地來到門口，偷偷地看著多娜，看著她的笑容，心想：「也許她已經忘了那場意外了吧！」

於是，邁克走了進去，對多娜說：「多娜，那天眞的太對不起妳了，希望妳能原諒我，如果……」

多娜笑著打斷邁克的懺悔：「早就沒事了，你看，我還是很好哇！而且，這是我第一次住院呢！沒想到這裡有那麼多有趣的事，護士和醫生們每天都會講好多醫院的故事給我聽呢！」

邁克看著多娜的驚奇與笑容，放心了不少，不過每當他看見多娜臉上的傷疤，心中的內疚總會再次升起。多娜出院後，反而成了大家矚目的焦點，她精采地講述事故的經過和醫院的經歷，也引來了不少的驚嘆聲。

一年後，邁克移居到另一個城市，從此和多娜一家人失去了聯繫。

十五年以後，那個教堂邀請邁克回去參加禮拜，結束時他忽然看見多娜的母親，正站在人群中等著和他告別。

邁克忽然想起了那場車禍、鮮血和傷疤，隨即見到多娜的母親笑容可掬地來到自己面前。

邁克關心地問：「請問多娜好嗎？」

多娜的媽媽開心地說：「你還記得多娜住院時的情況嗎？」

邁克說：「印象很深刻，她似乎對醫院發生的趣事很感興趣。」

母親說：「是啊！她現也成爲一名護士了呢！現在還嫁給了一位醫生，婚姻很美滿，喔！我也有兩個可愛的寶貝孫子了！」

邁克一聽，放心地說：「多娜眞是個可人兒！」

多娜的媽媽似乎想起了什麼，連忙說：「對了，我差點忘了！多娜知道我會遇見你，她要我對你說，那次車禍是她一生中最難得的好事。」

「好事？」邁克想著這句話，臉上也慢慢地露出許久未見的笑容。

在你看來，生命中那些讓自己感到痛苦的事情，是難得的「經驗」，還是不幸的「遭遇」呢？

約瑟夫．艾迪曾說：「真正的幸運得走過苦痛、失去和失望，只要你能走出悲傷，自然能看見柳暗花明的桃花源。」

多娜選擇敞開心面對傷口，因而能展開陽光的笑容迎接新生活，遺忘昨天的意外和傷害。她不僅用「心」癒合了臉上的傷口，也因爲這個意外的轉折，讓她看見了夢想的未來。

幸與不幸之間，其實沒有那麼多大的差異或距離，只要我們都能學會知足，心懷感恩，生活中便沒有不幸，即使遇見了各式艱難和困苦，你也能輕鬆走過，享受生命的快樂與美麗。

用心盡力就能創造奇蹟

只要能「越挫越勇」，成功不需要什麼背景條件，只要態度積極、認真，用盡全力，夢想終有一天會實現！

你認爲你是個失敗者嗎？

你認爲自己的條件不夠好嗎？

如果，你連跌倒的原因都沒有找出來就放棄前進，那麼你就是眞正失敗的人；如果，跌倒後你能立即搬開絆倒的石頭，那麼你就不知道什麼叫失敗。

除了一雙手和一條腿之外，羅吉．克勞馥確實具備了打網球的條件。

天生殘疾的羅吉，從小就在父母的鼓勵與教育下，建立一個積極的觀念：「什麼才叫殘障，這取決於你怎麼看待自己的殘缺。」

他們不希望羅吉爲自己的殘缺感到難過，或利用身體的缺陷博取同情或幫忙，他們希望羅吉與常人無異。

從小，父親便鼓勵羅吉積極地培養運動興趣，他教羅吉打排球和橄欖球，而羅吉也眞的沒讓父親失望，十二歲之時就已成爲橄欖球隊的重要角色！

有一天，他在場上與對手追逐時，沒想到對方一把抱住羅吉的左腳，就在他奮力掙扎時，義肢居然被拔下來了！

誰也沒想到，只剩一隻腳支撐著的羅吉，竟然利用一隻腿，直躍過分線，並達陣得分，場上不禁響起了如雷掌聲。

羅吉經常對自己說：「我不可能每件事都會，所以，我只需要把注意力集中在我能做的事情上。」

問題是，羅吉還能做什麼事呢？

那也是運動項目之一，網球。雖然開始練習時，只要他一轉動，拍子便會掉落，但是他一點也不氣餒，雖然手腕的力量不如一般人，但是在他的努力與家人的支持下，積極地自我訓練的結果，不管是轉動球拍、發球或接球，都已經到達了職業水準。

雖然，剛開始參加比賽之時屢嘗敗績，但是羅吉並未放棄，反而更加努力練習，比賽的成績也不斷地進步了。

肢體殘障的運動選手很少，沒有任何前例可以參考學習，但羅吉仍堅信自己一定能突破所有侷限，打出一片網球新天地。靠著不斷努力，後來他終於成爲第一個被美國職業網球協會認可的專業教練，一個殘障網球好手。

羅吉說：「你和我之間的唯一差別，就是你們看得見我的殘障，而我卻看不見你們的缺陷。每個人都有障礙，你問我是如何克服身體的殘障，我只能告訴你，我什麼也沒有克服，我只是像你們一樣，學會了我原先不會做的事，就像你們學習彈琴或用筷子吃飯一樣，只是我比許多人用心盡力而已。」

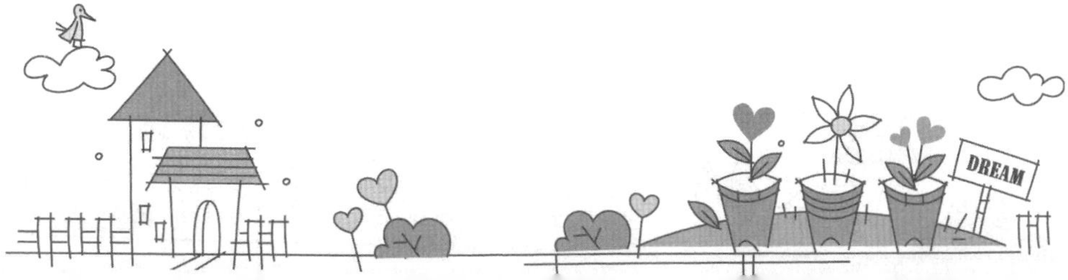

羅吉說：「你們看得見我的殘障，而我卻看不見你們的殘缺。」

聽到這句話時，你是否忽然看見了自己的缺陷？

當電視中出現了許多殘障勇士，積極地用樂觀、奮鬥填補身體上的殘缺時，我們除了驚嘆他們的生命力，想必也對自己的消極深感慚愧吧！

每一個人都有著不同的生命態度，有人一生平順，不能忍受辛苦，也不能接受失敗，即使小小的碰撞也能讓他們宣佈放棄，永遠跌坐在地上。然而，有更多的人和羅吉一樣，堅信只要能「越挫越勇」，成功不需要什麼背景條件，只要態度積極、認眞，用盡全力，夢想終有一天會實現！

看著羅吉．克勞馥的成功，正處於低潮期的你，是否只會驚嘆地目瞪口呆呢？合起你的嘴巴，把羅吉的成功經驗再咀嚼一番：「努力，堅持不懈並盡全力，然後你就成功了！」

只有鼓勵才能激發潛力

不要吝於給人鼓勵，只要你願意多花點時間和耐心等待，下一個成功的例子將從你的手中奇蹟孵化。

一遇到困難的事情就認爲自己「不行」的人，容易留給別人「缺乏自信」的印象，無形之中也是對自己進行負面的自我暗示。

如果你一味貶低自己，一味自怨自艾，那麼又怎麼能激發自己的潛力，又怎麼能期待別人肯定你呢？

每個人的內在蘊藏有多少潛能，連科學家也測量不出來，那我們又怎能輕易地放棄任自己呢？

從小就自卑感很重的克隆，在學校裡總是一副神情呆滯的模樣，然而沉默寡言的他，內心其實很希望有人能坐到他的身邊，拍拍他的肩膀說：「別害怕，我來幫你。」

因爲，克隆罹患了「閱讀困難症」，只是當時沒人知道這種疾病，每當克隆無法像正常人一樣，把文字符號井然有序地排列時，師長們便責怪他：「眞是個不用功的孩子！」

克隆曾經被老師以相當嚴厲的方式教導，當時老師發了一把直尺給其他學生，只要克隆不肯唸書寫字，同學們就要用直尺打他的腳。

上了中學後，克隆的情況改變了一些，因爲他在籃球場上找到了他的表現空間，但是在閱讀能力上，卻一點也沒有起色。

從高中到大學，克隆都以傑出的體育表現上來彌補他的閱讀能力，也很幸運地熬過一關又一關。

但是，畢業之後呢？克隆考慮了很久，最後決定要投身教職工作。一九六一年他在一所小學開始任教，每天，他讓學生們輪流上台朗誦課文，考試時則是用別人設計好的標準測驗紙，答案也是使用有洞的卡紙。

生活有點迷失的克隆，根本不知道自己在做什麼，每當周末來臨，他總是心情沉重，因爲他覺得自己愧對學生。

直到他結婚的前一晚，克隆才坦白地對他的妻子凱西說：「有件事我得告訴妳，我是個不識字的傢伙。」

凱西以爲老公在開玩笑，心想：「他怎麼可能不識字？也許他覺得自己的英文程度太差才這麼說的吧！」

凱西並不在意老公的告白，但是女兒出生後，她才證實老公眞的不識字。爲了幫助克隆，凱西很想教他識字，但是克隆說什麼也不肯學，因爲，他認爲：「我一輩子也學不會，別浪費時間了。」

不久，克隆辭去了教職工作，轉而投入商場，沒想到卻讓他遇上了經濟不景氣，眼看著合夥人紛紛退股，債權人威脅要對他提出訴訟，面對堆積如山的複雜文件，克隆很擔心有一天會被叫到證人席上，接受法官的嚴厲質問：「克隆，你不識字嗎？」

這天晚上天氣很涼，看著秋天的落葉翻飛飄墜，已經四十八歲的克隆望著女兒的臉龐，決定了兩件事。

首先他要拿房子出去抵押，並重新開始；接著他要走進市立圖書館，並告訴成人教育班的負責人：「我要學識字。」

教育班安排了一位六十五歲的祖母當指導老師，這個非常有耐心的老師一個一個字地教導他。

十四個月後，公司的營運狀況開始好轉，他的識字能力也進步不少，信心重建的克隆，展開了嶄新的生活，也積極地出現在各種公開場合，與人分享他曾是個文盲的心路歷程。

克隆說：「不識字是一種心靈上的殘障，而且指責這些人是件相當浪費時間的事，爲什麼我們不用更積極的態度，教導有閱讀障礙的朋友呢？」

成立閱讀障礙讀書會後，克隆每天都會閱讀書本和雜誌，甚至看見路標他

也要大聲朗讀，他覺得讀書的聲音比歌聲更美妙，而他的妻子每天也非常配合地，仔細聆聽他的「朗讀」。

有一天，他突然衝進了儲存室，拿出一個沾滿灰塵的盒子。

原來，這裡面有一疊用絲帶綁著的信箋，雖然已經錯過了二十五年，但是他終於看懂了妻子寫的情書！

很浪漫的結尾，但是，過程的描述卻很眞實、很殘酷。克隆的「閱讀困難症」，其實就像「學習遲緩」的孩子一樣，理解力差的他們，總是被視爲「阻礙」教學進度的壞學生，只要用力鞭策後仍不見好轉，很快地便被師長們放棄，甚至是「遺棄」。

這些案例其實經常發生在你我身邊，或許我們也曾經是「否定他們」的幫凶之一。在這個強調「分數」與「速度」的教育環境中，也許我們應該重新審視自己的教育方式。

從克隆的故事中，我們再次發現，責罰只會讓孩子們產生更大的自卑感，所以，別再用焦躁的眼神催促孩子，因爲那不僅不會刺激他們的學習潛能，反而會讓他們退縮、畏懼。

學習本來就需要時間，不管是小孩還是大人，都需要花時間慢步累積，更需要別人的鼓勵來增強信心，不是嗎？

不要吝於給人鼓勵，只要你願意多花點時間和耐心等待，下一個成功的例子將從你的手中奇蹟孵化。

每件事都要盡力而為

只要你盡力了，問心無愧的踏實感就是你成功的獎賞，你不必頂著皇冠，也自能散發出成功的光芒。

德國作家歌德曾經這麼寫道：「人生最大的快樂，並不在於最後佔有什麼，而在於追求的過程。」

確實，充滿意義的生活，就是能夠不在乎成敗得失，依照自己的意志，竭盡全力去做自己該做的事情。

遇上挫折和失敗，你會怎麼看待問題？是滿臉不悅地責怪拍檔不夠努力，還是埋怨時間不夠，靠山不夠有力呢？

把所有的「責怪」全擱置一邊吧！因爲，不管遭遇再大的挫敗，你首要反省的是：「我眞的盡力了嗎？」

爲了參加難得的奧林匹克競賽，貝克大學畢業後，來到阿斯凡學校當體育教練，因爲只有在這裡，他才能爲一九七二年奧林匹克運動競賽選手，展開嚴格的訓練。

面對學生，貝克總是這麼說：「操場上沒有體育明星，你只需盡你最大的努力，去完成每一項工作。」

認眞教學的貝克，深受孩子們的喜愛，因爲他對待他們，就像對待自己的孩子一樣。然而，過完二十五歲生日不久之後，貝克卻發現自己在指導學生練習時，很容易感到疲勞。

有一天，在操場上他突然感到腹部劇烈絞痛，隨即被送到醫院診治，然而這一進院便是好幾個月。

因爲，貝克罹患了癌症。

動了二次大手術之後，醫生告知貝克的家人，他只剩下六個月的生命。

面對如此嚴峻的現實，貝克一點也不願意放棄，他告訴自己：「不管還剩下多少時間，我都要把一切獻給那些孩子們。」

於是，貝克又動了一次大手術，經過一個夏天的治療後，他重回操場，並在已經排滿的課程表上，設計了一堂殘障兒童的體育課。

貝克說：「不管他們有什麼缺陷，也不能剝奪他們參與體育活動的權利，他們也許不能跑步或跳遠，但是他們會是最好的『教練計時員』，或是『犯規監督人』。」

有一天，貝克抱著一個鞋盒到訓練場上，他說：「這個盒子裡裝了兩個獎盃，一個是我要送給第一名的選手，另一個，我要送給雖敗猶榮的選手，因爲他是盡自己最大努力、永不放棄的運動選手！」

病況再度惡化的貝克，並沒有因此而放棄孩子們，他每天都會出現在操場上爲每一位選手打氣，對他們喊話：「無論如何，你們一定要盡最大的努力，

要相信自己，你們一定行的！」

有一天，有位選手興沖沖地跑到升旗台上，對貝克喊道：「教練！我們被邀請參加全美運動會的決賽了！」

這個消息給了貝克極大的鼓舞，他高興地說：「我現在只有一個願望，希望身體能撐到決賽那天。」

能不能堅持那麼久呢？似乎有點困難，消息發佈後的第三天，他才剛踏進校門就昏倒了，醫生檢查後發現，腫瘤破裂了。

然而，一度陷入休克昏迷狀態的貝克，醒來時卻吵著要立刻趕回學校，他說：「我一定要堅持到最後一天，我要讓孩子們對我的記憶，是筆挺地站在他們面前的模樣！」

每天依靠輸血與止痛針來維持生命的他，已經知道自己無法親自再到場上，給孩子們打氣了，因此，他每天晚上開始打電話給每一位運動員：「你們一定要盡最大的努力啊！我相信你們一定行的！」

比賽前的第二天晚上，貝克又昏迷了。

醒來時，似乎是迴光返照，大家看見他的精神飽滿地喊道：「把所有的燈打開，我要在燈火輝煌中離開。」

天空終於破曉，貝克辛苦地坐了起來，並握著母親的手說：「對不起，爲你們帶來這麼多麻煩！」

不久之後，貝克「睡著了」，不過，這一天距離醫生所預估的六個月還要晚，因爲，貝克從死神那兒「盡力地爭取」到了十八個月，一如他堅持的生命態度：「用盡全力……」

兩天後，孩子們在聖路易斯贏得了決賽冠軍，他們說：「我們盡全力爭取到了，而這份榮耀也是貝克教練的！」

告示板上的「第一名」永遠只能填上一個名字，沒有人不想坐上這個寶座，然而，與其競逐隨時會失去的「第一寶座」，不如讓「第一」永遠坐鎮在自己心中，做一個沒有人能取代的「第一名」！

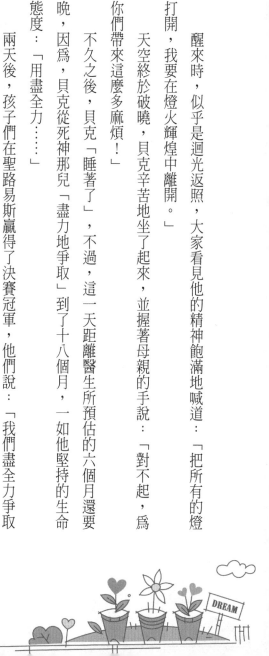

如何成爲永遠的「第一名」呢？其實，方法很簡單，只要像貝克教練所說的：「盡全力，就成了！」

我們只需要時時提醒自己：「我真的盡力了嗎？如果盡力了，那麼我是不是可以問心無愧？」

當然！只要你盡力了，問心無愧的踏實感就是你成功的獎賞，因爲，那份滿足與充實的生活感動，是用再多的獎牌和獎金也無法換得的，還有，你不必頂著皇冠，也自能散發出成功的光芒。

你一定可以，只要你願意

我們的生活不該有任何絕望的念頭，因為只要我們願意，給自己一份信心，我們都會是創造奇蹟的好手。

你對生活感到絕望嗎？

你認爲外在條件阻礙了你的未來嗎？

當時間一點一滴消耗在絕望和埋怨聲中，你有沒有認眞地仔細想想：「我要怎麼跨出下一步，要怎麼重新開始？」

酷愛足球的布里恩．沃克，罹患了一種罕見的神經麻痺症，經過醫生一番治療，原本病情快好轉了，豈料又不幸引起了肺炎併發症。爲了持續他的呼吸功能，醫生不得已只好裝了呼吸輔助器。

醫生對他的父母說：「我們已經盡力了，接下來全靠布里恩自己了！」

「我還站得起來嗎？」布里恩問父親。

父親堅定地回答：「當然可以，只要你希望，你就能做到！」

布里恩努力地活動腳趾，但是五個小時過去了，腳趾卻怎麼也不聽使喚，他滿身大汗地哽咽著：「我不能動了，我不會好了，我要死了！」

這個小挫折把布里恩擊倒了，那天開始，他便昏睡不醒，不能也不想說話，即使醒了過來也不願意動，他已經完全失去鬥志和信心了。

這種自暴自棄的情況讓愛子心切的父親擔憂不已，後來他想到一件事：「也許傑姆．米勒能幫他！」

傑姆是一位足球明星，也是布里恩的偶像。這天，除了沃克夫婦在二樓準備迎接傑姆之外，還有一群人聚在門口等待這位名人。

布里恩的父親來到兒子身邊，指著牆上的一件「歐爾密斯」運動衣，問道：「布里恩，你想不想見到這件運動衣的主人？」

「傑姆．米勒？」霎時，布里恩的臉亮了一下，但隨即懷疑：「他怎麼可能會出現呢？我不相信！」

忽然，有個人推開了門，布里恩吃驚地喊著：「傑姆．米勒！」

傑姆笑著說：「嗨！小伙子，你怎麼啦？」

傑姆打完招呼，便走到布里恩的身邊，並伸出手要和布里恩握手，只見布里恩吃力地伸了出手，緊緊地握著足球明星的手。這也是他這幾個星期以來，第一次移動胳膊，第一次活動他的雙手，而這一握便是一個小時。

傑姆．米勒鼓勵布里恩：「你一定會好起來的，這場戰爭雖然很辛苦，但是你一定會成功的！你要像攻入球門那樣，努力達到目標，好嗎？等你好了，我們再一塊兒練球！」

最後這句話就像「特效藥」般，對布里恩非常有效，只見布里恩不斷喃喃自語：「和傑姆．米勒一起踢球？我要和傑姆．米勒一起踢球！」

傑姆又鼓勵他說：「千萬別放棄啊！我每星期都會儘量撥出時間來看你，直到你出院爲止！」

布里恩吃力地點了點頭，說：「我會全力以赴。」

只見布里恩立即伸出左手，努力地活動著，對自己說：「剛剛可以伸出手，我一定可以再做第二遍！」然而，這一次，手卻不聽使喚，不願放棄的他，一次又一次地試著，只因「他要和傑姆一起踢球」！

「再試一次！」

這一次，一個手指出乎意料地顫動了：「我能動了！一個能動，其他的一定也行！」就這樣，他花了半天的時間讓右手的五根手指都「動了」。

第一天的成功，讓他第二天更有信心了：「我一定能好起來，連傑姆也相信我能，那我更要相信自己，我還要向他證明，只要我一直保持著戰鬥精神，就像踢球一樣，我就能走下病床。」

一個星期後，傑姆走進病房，發現布里恩已經能坐起來了，而且還能大口大口地咬漢堡呢！「你自己能吃東西了！」傑姆對他的進步感到驚訝。

布里恩笑著說：「是啊！我已經能自己呼吸囉！」

傑姆為布里恩感到開心，鼓勵著他：「太好了，小伙子，我就知道你行！將來你一定能成為優秀運動員，因為你有運動員的毅力和勇敢！」

自從「信心恢復」後，布里恩便利用一切機會鍛鍊自己，直到能下床行動，可以不必扶著柱子練習走路，這一次也只用一個星期的時間完成。

當傑姆再次來訪時，感動地看著瘦弱單薄的布里恩，心想：「如果換做是我，我能做到這一切嗎？」

忽然，布里恩用小跑步的姿勢，撲向傑姆。

傑姆不敢置信心地抱著布里恩說：「你眞的成功了！」

布里恩哽咽道：「是的，謝謝你！謝謝你來看我。」

傑姆搖了搖頭，謙虛地說：「孩子，這是你自己做到的！」

一個月後，布里恩出院了，雖然步伐還沒有很穩固，但是他仍然堅持要出院，因為他急切地想回到足球場上。

六月初，布里恩終於回到了足球場上，當他踢出第一球時，不禁高興地喊

道：「這一球，爲了傑姆．米勒！」

聽見傑姆鼓勵布里恩「只要你願意，你一定行」時，你是否也感受到一股蓄勢待發的力量，像布里恩一樣，看見了希望，忘了前一秒的「絕望」？

默片時代的喜劇巨星卓別林曾說：「歷史上所有偉大的事，都是人們戰勝了不可能的事而來！」相同的，我們也可以這麼說：「只要生命還在轉動，我們就還有機會！」

當大家都認爲「不可能」時，只要我們不放棄自己，不讓失望和絕望牽制住自己，就沒有人能否定你的價値，看衰你的未來。

我們的生活不該有任何絕望的念頭，更不該爲了眼前的不如意而灰心喪氣，就像重新振作的布里恩一樣，不再輕易放棄，因爲只要我們願意，給自己一份信心，我們都會是創造奇蹟的好手。

先接受自己，別人才會接受你

生活上不會有無解的難題，端看你願不願意敞開心把問題解開，你的「心」往哪個方向走，你的世界就會往那個方向去。

塞內卡曾經寫道：「生活最大的缺陷，在於它永遠不可能十全十美。」如果我們徹底認清這個事實，誠實地面對自己，就能真實地掌握自己的人生，不再活在陰霾之中。

如果我們連自己都不能掌握了，別人又怎麼敢相信並肯定你呢？

人見人愛的小妮姬在七年級時，被診斷出白血球過多，接下來的日子，她幾乎天天出入醫院，接受檢查與化學治療，雖然這些治療可以救命，但是她的頭髮卻因這些化療而掉光了。

妮姬開始戴假髮上課，雖然很不舒服，但是她還是戴了。然而，當她聽見其他孩子的嘲笑聲時，才發現一切已經改變，她不再是大家的焦點，也不再是個人見人愛的主角。

升上八年級之後，她的假髮經常被頑皮的同學拉扯，而且好幾次都掉到地上。遇到這個情況，堅強的妮姬也只能停下腳步，抹去眼淚，然後生氣地戴好假髮，埋怨道：「爲什麼沒有人願意幫我？」

這天，她回到家中告訴父親這個情況。

父親說：「如果妳願意，不如回家休息一陣子吧！」

妮姬搖了搖頭，說道：「那有什麼不同？總有一天我還是得回到學校，不是嗎？其實，有沒有頭髮我一點也不在意，但是我不能沒有朋友，爲什麼沒有人肯幫我呢？難道他們不知道我很需要朋友嗎？如果要我選擇，我寧願失去生命，失去頭髮，但是我不要失去朋友。」

第二天，她依然戴上了假髮，還把自己打扮得很漂亮。

堅強的妮姬對父母說：「我今天要做一些事，還要發現一些新事物。」

妮姬的父母聽見她這麼說，完全不知道她的意思，擔心女兒會發生什麼意外，因此母親勸她說：「孩子，今天留在家裡休息好嗎？」

但是，妮姬搖了搖頭說：「不用了，我沒事的！」

拗不過妮姬的堅持，他們只好載著她到學校去，妮姬下車時，回頭看了看父母親，似乎有什麼事情需要幫忙。

媽媽關心地問：「孩子，怎麼了？忘記什麼東西了嗎？」

小妮姬搖搖頭說：「我今天要完成一件很重要的事！」

父母親覺得女兒不對勁，連忙問：「寶貝，妳怎麼了？」

妮姬含著淚，微微地笑著回答：「我要去找出我的好朋友，而且今天我就會知道，誰是我眞正的朋友。」

接著，她拿下了假髮，並放在車位上，繼續說：「他們必須接受我原來的

樣子，不是嗎？不然他們是不會接受我的，而且我已經沒有時間了，今天我就必須把眞正的朋友找出來。」

她跨出了堅毅的腳步，走了兩步，又轉頭說：「爲我祈禱吧！」

他們說：「會的，寶貝，這才是我的好孩子。」

沒想到，這天眞的發生奇蹟了。當她經過運動場時，學校裡的譏笑不見了，更沒有人敢捉弄這個充滿勇氣的小女孩。

最出人意料的是，從這天起，妮姬的身體日漸康復，而且她還從高中一路成長到大學，後來，她也成爲另一個勇敢小女孩的母親。

生活上不會有「無解」的難題，端看你願不願意敞開心把問題解開，你的「心」往哪個方向走，你的世界就會往那個方向去，所以，蘇格拉底才會說：「想左右世界之前，先要左右自己。」

當妮姬戴起假髮時，她心中的自卑感，就像許多人習慣用大聲說話來掩飾

害怕一樣，不必明說便已顯明。

聰明的小妮姬雖然嘴裡說不在意自己頭髮掉光，但是看著被嘲笑的假髮，她心裡知道，如果自己都不能勇敢地面對別人，用眞面貌示人，同學們又怎麼可能會體諒她，接受她呢？於是，小妮姬勇敢地脫下了假面具，光著頭，面對眞正能接受她的人，其中也包括她自己。

相信有很多人會發現，原來自己也有著相同的情況，也有著相同的問題癥結，既然面對的問題相同，我們何不向小妮姬學習，用相同的解決方法，重新展開自己的生活呢？

能忍辱，才能負載更重要的事

只要我們能平心靜氣地修持身心，學會控制自己的情緒，自然不會為小事鬱鬱寡歡，而能輕鬆快意地享受人生。

許多人都很容易被他人的批評影響，於是，我們經常見到，有些人爲了迎合衆人的目光而委屈自己，另外一些人則爲了捍衛自己而針鋒相對，卻也同時造成了彼此的對立窘態。

對於別人的惡意批評和羞辱，何必感到氣憤？不妨一笑置之，就像佛陀曾訓誡的：「不要朝空中吐痰，因為逆風將迎面而來，那非但不會傷到對方，反而是自取其辱，傷了自己的尊嚴啊！」

釋迦牟尼佛在世時，曾經有人爲了動搖他在信徒心中崇隆的地位而四處造謠，企圖抹黑他的名聲。

不過，佛陀得知後卻始終不予理會。有一天，佛陀在街上碰巧遇到這個專門說他壞話的人，這個人見機不可失，隨即像潑婦罵街一樣連番謾罵。

佛陀並不以爲意，只是靜靜聽著，等到那個人罵累了，再也編不出壞話時，佛陀才問他：「朋友，如果有人送給你東西，你不想接受，對於這份禮物你會怎麼處理？」

那個人不加思索地說：「當然是物歸原主呀！」

佛陀點了點頭，笑著對他說：「喔，原來是這樣啊！對不起，剛才聽到你送給我的一些話，我仔細地想了想之後，實在不能接受，不知道是否可以原封不動奉還給你？」

這一問，不只令那個人啞口無言，也讓他登時醒悟自己的謬誤，立刻向佛

陀道歉，保證不再胡亂放肆。

相傳在這故事之前，即釋迦牟尼佛誕生前的五百世，據說他曾經被歌利王惡意施以凌遲的酷刑。

有一天，歌利王帶了妃子和宮女們到山中打獵，當時有點疲倦的歌利王打完獵後，便在山上打了瞌睡。

等到他睡醒時，赫然發現身邊的妃子和宮女居然全都不見了，於是立即四處尋找，就在他心急如焚之時，眼前忽然出現了一座山洞，他的妃子和宮女們，居然全部聚集在洞口，聆聽一位僧人說法。

歌利王一看，生氣地指責僧人說：「你居然敢勾引女人？」

僧人淡淡地回答：「我是個無慾望的人。」

歌利王不相信地問：「美色當前，你怎麼可能沒有慾望？」

僧人心平氣和地說：「我在持戒。」

歌利王困惑地問：「什麼叫持戒？」

僧人說：「就是忍辱。」

歌利王一聽到「忍辱」兩個字，冷笑了一聲，忽然把腰間的佩刀一拔，向僧人砍了一刀，問他：「痛不痛？」

僧人說：「不痛。」

歌利王一聽更加生氣，非但沒有停下刀，反而殘忍地將僧人身上的肉一塊塊地割下，之後再問：「你恨我吧？」

沒想到僧人仍然平靜地說：「既然無我，哪來的怨恨？」

當僧人話才說完，忽然狂風大作，天龍八部聚集護法，轉眼間，被分解的僧人忽然完好如初。歌利王一看，害怕得跪了下來，請求僧人饒恕，僧人見他誠意求饒，也立即向天神求赦，天地很快地回復平靜。

歌利王似有所悟，隨即向天發誓，永世向善，而僧人聽見後便對他說：「我若成佛，便先渡你。」

據佛教典籍所說，歌利王就是後五百世釋迦誕生之時的憍陳如。

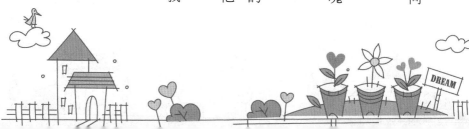

故事中，佛陀所表現的氣度，與詩人但丁說過的這句話頗爲相近：「走你的路，讓人們去說吧！」

這是「忍辱」，也是「寬宏大量」，從佛陀得道的小故事中，我們看見了修身自制的重要性。

對於造謠者，我們不需要理會，因爲那些無聊的謠言、八卦，對我們並不會有任何損害，畢竟事實勝於雄辯，我們無須在這些小事中打轉，更不該讓情緒受陷其中，因爲眼前的大事，還等著我們去推行和實現。

無論出世還是入世，生命的道理其實是相通的，只要我們能平心靜氣地修持身心，學會控制自己的情緒，自然不會爲小事鬱鬱寡歡，也不會爲小事暴怒，而能輕鬆快意地享受自己的人生。

何必為了無謂的瑣事而僵持？

最好的教導時候，便是「機會」教育，因為在事發當下，給予孩子們一個正確的機會引導，更能直接影響到孩子們的思考與成長。

我們經常見到，許多爲人師長的人總是教導孩子要有寬闊的心胸，要懂得禮讓和寬容，但是，自己卻老是爲了無謂的瑣事和別人僵持、爭執，無形之中做了最不良的錯誤示範。

透過文字書本與現實生活的教育方式，各有特色，也各有需求。

不過，日常生活中的身教機會，卻更爲重要，是影響孩子們人格發展與生活態度的重要指標。

有一天，阿雄家來了一位重要的客人，阿雄的父親見狀，連忙叫兒子外出買酒來款待客人。

阿雄出門後，雄爸爸便熱情地招呼著他的客人：「難得貴客臨門，等我兒子買酒回來，我們一定要喝個痛快！」

誰知道，一個小時都過去了，阿雄卻仍然不見蹤影，雄爸爸來到門口張望，怒斥道：「這孩子該不會又跑到哪兒去玩了吧？」

臉色有點不悅的雄爸爸，按捺著性子，頻頻向友人道歉說：「眞是不好意思，他應該快回來了。」

可是，又過了一個小時，仍然未見阿雄的身影，雄爸爸心想：「不可能這麼久啊！該不會出了什麼事？」

於是，雄爸爸連忙跑到街上尋找兒子，沒想到他才一跨出家門，走不到一百公尺，便看見兒子了，而且見到他正與一個陌生人站在小路中間。

雄爸爸以爲孩子發生了什麼事情，連忙來到兒子身邊，問他：「孩子，你在做什麼？怎麼不趕快回家呢？」

阿雄看見父親出現，連忙忿忿不平地說：「爸爸，你都不知道，剛剛我買完酒後，正急著要趕回家時，便在這裡遇到了這個人，我請他讓路，他卻不肯，堅持要我先讓路給他。你想，哪有人這樣的？是我先踏上這條路的，怎麼能讓他呢？是吧？爸爸，所以我一直在這裡等他讓路！」

只見雄爸爸點了點頭，非但沒有罵兒子，反而支持他說：「原來是這樣，好孩子，你別怕，讓老爸在這裡和他拼了！不過，客人在家裡等很久了，你先把酒拿回去招待客人，這件事由我來處理，我來和你換班，看他要僵持到什麼時候才要讓路！」

看完故事，也許你會對這對父子感到可笑，但是，仔細想想，我們不也曾經犯過類似的錯誤嗎？

身教更重於言教，其中道理便在於此，看著雄爸爸的處理方式，正是「上樑不正下樑歪」的最好證明。

看見兒子的情況，身爲父親的他，非但沒有規勸，反而更積極地參與，不但忘了朋友在家等候，更忘了身教的重要性。

教育的責任與時間點是沒有侷限的，而最好的教導時候，便是像故事中的「機會」教育，因爲在事發當下，給予孩子們一個正確的機會引導，更能直接影響到孩子們的思考與成長。

如果是你，你會怎麼告訴阿雄呢？

相信聰明的你，一定很想這麼告訴阿雄：「退一步也無妨！」

應該是這樣子吧？何必爲了無謂的瑣事而僵持呢？

4.
不要讓情緒影響前進的勇氣

無論目前陷在什麼樣的困境中，
自然都會有一股力量支持你挺過去的。
不因為受挫的情緒，影響自己前進的勇氣。

不要讓情緒影響前進的勇氣

無論目前陷在什麼樣的困境中，自然都會有一股力量支持你挺過去。不因為受挫的情緒，影響自己前進的勇氣。

遇到難題的時候，你是否相信自己可以克服它？

仔細回想一下，每當自己糾結在困難事情當中時，是會告訴自己要勇敢克服，或是退縮觀望？相信前者會比後者多，因爲你知道：「問題總要解決的，與其放棄退縮，不如試著前進克服；難關總會度過，只要樂觀相信，我們自然會看見希望。」

此刻的你，也許正困於某個難關聽過多數克服難題者的感言後，是否也願

意再給自己一次機會，試著克服走過呢？

有一艘載滿幾十人的商船，在大海上遇到了一場突如其來的暴風雨，船不幸沉沒，船員們死傷無數，只有一名船員幸運生還。

這名船員僥倖地在大海上找到被大浪沖落的救生艇，在救生艇上，任由船身隨風浪顛簸起伏，遠看就像一片葉子隨風飄盪。當風平浪靜時，男子卻發現自己迷失方向了，連收到消息準備動員救援的人們也找不到他。

天色越來越暗了，寒冷、飢餓和恐懼一同襲上他的心頭，但是眼前除了這艘救生艇之外就一無所有了。

心灰意冷之際，他無助地向天邊望去，卻見到盞盞闌珊燈光，男子開心極了，因爲他看見了「希望」。

他知道那是救援的燈，於是奮力地向燈的方向划去，努力地朝向那點燈光前進。但是不知道爲什麼，那光似乎離他很遠很遠，直到天亮的時候，他還是

沒能到達那個地方。

但是，男子並不放棄，心想：「那盞盞燈光一定來自某座城市，或是某個港口，一定是的。」

心裡堅持那是希望明燈的他，繼續划著，雖然白天看不見燈光，但一到了夜晚，那燈光便會在遠處一閃一閃，男子總是瞇著眼尋找微弱的光源，鼓舞自己：「看見了，好，加油吧！」

靠著意志力，男子堅強地撐過了一天又一天，雖然他越來越飢餓、乾渴又疲憊，但每當就快崩潰放棄時，轉念間，又會想起遠處的那片光：「不，我不可以放棄，燈光就在前方，我必須堅持下去。」

第四天，他依然朝著那盞光的方向划去，直到支撐不下去終於昏迷過去，但即便昏迷中，他腦海仍然閃現著那盞燈光。

「嗡……」遠方傳來大船的聲音，男子被發現了，一艘正巧經過的商船收到有船隻沉沒的消息，救援隊請他們協助搜尋生還者。

男子被救上船，醒來後，大家這才知道他已經在海上漂泊了四天四夜，有

人問：「這麼多天來你都是怎麼撐過來的？吃些什麼呢？」

男子搖了搖頭說：「我什麼都沒吃，我是靠著……」

男子說到這裡，往窗外望去，接著他指著那「光」說：「就是那盞燈帶給我希望力量的。」

大家紛紛朝著他所指的方向望去，每個人都吃驚地看著他，那才不是什麼燈光，只不過是天邊閃爍的一顆小星光！

一點星光點燃一份希望，對男主角來說，無論是燈光還是星光，最重要的是因爲那點「光」的陪伴，不僅讓他堅強熬過了漫漫長夜，更爲自己的人生寫下了不凡記錄。

只是少了星光支持的你，又該到哪兒找到那盞希望之光呢？

抬頭仰望天空，然後闔上雙眼，你是否看見心中出現了一盞光影？

是的，每個人心中都有一盞不滅的希望之光，這不是什麼空洞的想像，而

是確確實實存在你我心中的明燈。

只要在遇到困難時點燃它，不因爲受挫的情緒，影響自己前進的勇氣，告訴自己：「放心，總是能熬過去的！」那麼，無論目前陷在什麼樣的困境中，自然都會有一股力量支持你挺過去的。

就像故事中的船員一般，眞正支持他的其實不是那些星光，而是他替自己燃起的鬥志與堅強希望！

轉換一下心情，就能突破困境

轉換一下自己頹喪的心情，從昨天的錯誤中找出新方向，以便明天來到的時候能確實把握並踏出正確的腳步前進。

有些人不管人們怎麼鼓勵，每一轉念看見的不是「信心」而是「擔心」，擔心自己不行，煩心事情不會那麼順利，所有煩惱盡是一些無謂的猜想。

可是你知道嗎？很多時候，我們只需要一點自信就能突破眼前的困境，甚至只要給自己一句「放心」，事情便能更順心地圓滿達成！

身高只有一百四十五公分的原一平，相貌平平，不過卻是日本壽險業界的非常人物，業績連續十五年都拿第一，人們封他爲「推銷之神」。但是小時候，原一平其實是個性格叛逆又頑劣的男孩，甚至曾用小刀刺傷老師。

家境貧窮的他，經常窮得連一頓飯都吃不起，露宿公園更是稀鬆平常的事。親友們都認爲他是個沒用的「廢人」，沒有人想接濟他，更沒有人瞧得起他。直到二十七歲時，因爲和一位老和尚的一席話，才改變了他的一生。

有一天，他向一位老和尚招攬保險，老和尚卻對他說：「年輕人，你的介紹詞絲毫吸引不了我投保的意願。」

老和尚專注地看著原一平，接著又說：「人和人之間，就像你和我現在這樣相對而坐，你必須要具備一種強烈吸引對方的自信力量，如果做不到這一點，恐怕前途有限。」

聽見老和尚這麼說，原一平不只啞口無言，甚至還冷汗直流，老和尚的話似乎說中了他心裡的疑困。

老和尚笑著繼續說：「年輕人，你得先改變你自己！好好地重新看一看自

己，好好地認清自己，如果你連自己都不認識，都不清楚自己有何魅力，如何得到人們的信任？先回去好好地反省自己一下，然後才能成就自己！」

「反省自己？認識自己？」原一平喃喃道。

老和尚點了點頭，回答說：「是的，要赤裸裸地認識自己，徹底反省，然後才能看見你自己。」

老和尚的這一席話就像當頭棒喝，一棒把原一平打醒，從此，原一平開始學習坐禪修行，仔細反省自己的過去和未來，並用心檢討自己的待人處世，徹悟之後，他的事業從此就屢創佳績。

回顧過往，曾經荒誕頹唐的原一平想必是受困於過去的自卑感中，因而遲遲無法敞開心扉發揮所長，若非觀察敏銳的老和尚即時點化，也許後來就難以創造業界的傳奇。

其實，再不平凡的人最初和你我都一樣，都得從最基本的功夫開始累積，也都得從最低層的地方開始起步。

無論過去有多卑微，也不管今天有多風光，他們都比我們清楚，每個生命都有它存在的價值與改變機會，沒有人能一輩子都那麼傲視世事，當然，更沒有人應當一輩子都苦困在低潮中。

生活總有高低起伏的時候，人生總會有大起大落的遭遇，不必怨懟過去走得有多顛簸，而是應當轉換一下自己頹喪的心情，從昨天的錯誤中找出新方向，以便明天來到的時候能確實把握並踏出正確的腳步前進。

用寬容的心情面對人生

養成敏銳的觀察力，對人要寬厚，並耐心修養性情，學習到它們以後，未來生活自然無往不利。

發生意外時，你會怎麼看待，遇到不平之事時，你都怎麼處置面對？多一點包容心看待，大事自然能變成小事，多一點寬恕心面對，壞事也能得出更好的結果！

以下這個故事告訴我們，除了對人要多觀察，用好修養應對之外，對事更應如此，畢竟烈酒變薄茶還算事小，若是輕忽到不能辨識是非黑白，任憑內心的氣憤解決事情，恐怕小事要變大事。

萊德勒少尉服役的美國海軍砲艇「塔圖伊拉」號正停在某個東方城市，這天，他興致勃勃地參加當地舉辦的一個跳蚤市場，聽說想買好東西得碰運氣，因爲這是個「看不見樣品」的拍賣會。

當地人都知道，這個商人向來以惡作劇聞名，這天他要拍賣的是一個密封大木箱，現場人們紛紛猜測著：「這裡頭一定裝滿了石頭，還是算了吧！」

萊德勒開價三十美元，商人也很乾脆，拍案喊道：「賣了！」

萊德勒旋即打開木箱，沒想到裡面竟裝了兩箱威士忌，這在當時戰爭頻仍的時期，能得如此珍貴的酒可是很不容易的，不少人懊悔地捶胸著：「唉，早知道就出高價買下它。」

不少好酒人士紛紛向萊德勒開出三十美元換購一瓶的價格，但全被萊德勒回絕了，因爲他說他不久就要到別處去，想用這些酒來開個告別酒會。

當時也在該地的名作家海明威犯了酒癮，急匆匆地來找萊德勒：「朋友，聽說你有兩箱好酒，我要買六瓶，隨便你開價如何？」

但是，萊德勒還是拒絕，海明威仍不死心，掏出一大疊美鈔，說：「給我六瓶，你要多少錢都行！」

萊德勒見狀，想了一想說：「好，既然你這麼想喝，那就用六瓶酒換你六堂課，教我成爲一個作家，如何？」

海明威一聽，竟向他做了個鬼臉：「老兄，我可是花了好幾十年功夫才成爲作家的啊！不過，這個交易還算合理，好吧，看你這麼有心，成交！」

萊德勒一聽，連忙遞上六瓶威士忌，接下來五天，海明威信守諾言，爲萊德勒上了五堂課，而萊德勒更是得意，因爲他以六瓶酒得到名家指點，這是極爲難得的機會。

過了幾天，海明威好奇地問萊德勒：「聰明的生意人，我想知道，剩下的酒你喝了幾瓶呢？」

「一瓶也沒喝，因爲我全都要留著開告別酒會。」萊德勒十分堅定地說。

第六天，海明威因爲有事要提前離開，萊德勒則陪他到機場，這時海明威

微笑道：「我沒有忘記，現在就爲你上第六堂課。」

在飛機的嗡嗚聲中，他說：「在描寫別人前，首先你得成爲一個有修養的人。第一要有同情心，第二要能以柔克剛，第三，千萬別笑不幸的人。」

萊德勒皺了皺眉，問道：「這和寫小說有什麼關係？」

海明威平靜地說：「這對你的生活十分重要。」

「我的朋友，在發告別酒會請柬前，你最好把那些酒抽樣檢查一下，再見了。」海明威忽然又回過頭，對他說了這段話。

回去之後，萊德勒打開每一瓶酒，才發現裡面裝的竟然全是茶，此刻他才明白，海明威老早就知道實情，但是卻隻字未提，也沒有譏笑他，還遵守諾言爲他實現心願。

這一刻，他終於明白海明威告訴他的話：「好好看待生活中的一切，並且冷靜有修養地思考、處理人生中的每一段意外插曲。」

這個結果是好或壞見人見智，從喜獲至寶到發現竟是假寶物時，一般人除了咒罵商人黑心外，一定就是氣憤難過。

萊德勒卻沒有如此，只因他遇到了海明威，用與眾不同的智者角度，藉著機會教育，告訴萊德勒如何成爲觀察敏銳的作家，更告訴萊德勒怎麼看待生活中的意外插曲。

同情心和不要笑別人的不幸，還有以柔克剛的道理，歸納海明威所說的三項要點，其實正是對人要有「寬容心」。

海明威藉此機會指引，不僅提出了小說家應學習的課程，還告訴我們：「養成敏銳的觀察力，對人要寬厚，並耐心修養自己的性情，這些都是人生必修的課程。學習到它們以後，未來生活自然無往不利。」

不要讓情緒控制自己

如果我們常讓自己處於生命中的不愉快裡，反而會讓心靈更不平靜，最後只會賠上生命中愉快的那個部分。

每天打開電視、翻開報紙，都會看到殺人、放火、家暴、鬥毆等等社會事件層出不窮。走出家門，可能上司找麻煩、同事是小人、朋友設計你，搞不好連路邊的狗也要吠你幾聲。

你是否會感到憤怒，覺得人生不愉快的事怎麼這麼多？

追根究柢，其實很多惱人的事情，或許「並沒有想像中那麼嚴重」，甚至是「微不足道」的。

一位父親正在院子裡忙碌，兒子帕科放學後，氣沖沖地跑回家裡，一進門就使勁地跺腳。看到帕科生氣的樣子，父親把他叫了過來，想和他聊聊。

帕科不情願地走到父親身邊，氣呼呼地說：「爸爸，我現在非常生氣。華金以後甭想再得意了，我一定會想辦法對付他。」

父親一面幹活，一面靜靜地聽帕科說：「華金讓我在朋友面前丟臉，我現在非常希望他會遇上幾件倒楣的事情，在所有人的面前無地自容。」

父親放下手中的工作，走到牆角，找到一袋木炭，對帕科說：「兒子，你把前面掛在繩子上那件白襯衫當做華金，把這個袋子裡的木炭當做你想像中的倒楣事情。然後，你用木炭去砸白襯衫，每砸中一塊，就象徵著華金遇到一件倒楣的事。我們看看你把木炭砸完了以後，會是什麼樣子。」

帕科覺得這個遊戲很有趣，拿起木炭就往襯衫上砸去。可是襯衫掛在遠處的繩子上，他把木炭全扔完，只有幾塊打到襯衫。

父親問帕科：「現在你感覺如何？」

帕科說：「累死我了，但是我很開心，因爲我扔中了好幾塊木炭，白襯衫上有幾個黑印子了。」

接著，父親要帕科去照照鏡子。帕科在一面大鏡子裡看到自己滿身都是黑炭，臉上只能看到牙齒是白的。

父親說：「你看看，白襯衫並沒有變得特別髒，而你自己卻成了一個『黑人』！你希望在別人身上發生很多倒楣的事情，結果最倒楣的事卻落到自己身上。有時候，我們的壞念頭雖然在別人身上兌現了一部分，別人倒楣了，但是它們也同樣在我們自己的身上留下了難以消除的污跡。」

帕科聽了如夢初醒，再也不生氣了。

當我們氣得半死，對方卻不痛不癢；我們暴跳如雷，對方還是老神在在時，這也代表對方達到了目的，而你卻徹底輸了。

對方的目的，就是要惹火你，讓你身心痛苦。

人有七情六慾不可否定，但是爲了他人而抓狂，實在不値得。生活有黑暗面，但是也有很多光明面，沒必要硬是往死胡同裡鑽。

或許，用「煤炭」扔對方，能讓自己得到一時的快感，但是之後卻可能讓自己更加灰頭土臉，光是清理自己身上的「煤灰」所付出的代價和心力，就可能超乎你的想像。

佛家說：「一切法從心想生。」

如果我們常常讓自己處於生命中的不愉快裡，對他人心生怨念，加以指責、詛咒、報復等等，並不會讓自己感到更愉快，反而會讓心靈更不平靜，甚至造成血壓上升，使自己面目可憎，最後只會賠上生命中愉快的那個部分。

過多的猶豫，只會讓人更憂鬱

是否需要反覆分析，總要視情況而定。勇敢做出決定，不管是要或不要，我們都不會再有後悔的時候。

日常生活中，機會其實處處可見，我們之所以會錯失良機，常常是因爲猶豫的時間太久，讓機會從自己的手中流失。

常因爲猶豫的心情而錯過機會的人，總要到最後才發現自己當初過於多慮。其實，多想一想並沒有錯，只是別花太多時間鑽牛角尖，那不僅無助於釐清心中想望，反而會讓自己一再錯過機會。

「不後悔」不是建立在「不猶豫」的基礎上，眞正的人生哲學是以「做出

正確的決定」爲依據。

我們要做出最好的決定，然後心甘情願爲決定後的結果負起責任，無論生活出現什麼樣的轉變，都不會再有後悔的時刻。

他是個哲學家，天生有著一股特殊的文人氣質，這個優雅的氣質吸引無人的目光，不知迷倒了多少女孩。

這天便有個女子對他告白：「娶我吧！我想成爲你的妻子，相信我，除了我之外，你再也找不到比我更愛你的女人了！」

看著眼前勇敢的美麗女子，哲學家有些心動，但依然回答：「對不起，我要好好考慮一下。」

之後，哲學家果真用他研究學問的精神考慮這件事，只見他將結婚與不結婚的好處和壞處條列式都寫下來，最終發現：「怎麼會好壞一樣呢？唉，反而讓我更不知道該如何選擇了！」

哲學家再度陷入苦思，原本是積極活潑的思考情緒，轉成苦思困境。他不只找不到結婚的壞處，也找不出結婚的好理由，便這樣困在婚姻的抉擇中。

終於，哲學家再一個轉彎思考，總算得出一個結論：「是的，面臨抉擇而無法取捨時，我應該選擇還未經歷的那一樣。仔細想想，要是不結婚的話，很清楚的，我的生活仍將一如往昔。至於結婚，這是我未經歷也猜想不到的……嗯，我知道該怎麼做了！」

那他到底決定怎麼做呢？

他決定和那個女人結婚。

這天，哲學家拿著禮物來到女人家中，卻沒遇見那個女子，只見到她的父親。哲學家依然鼓起勇氣提親：「先生，請問您女兒在嗎？請您告訴她，我已經考慮清楚了，我決定娶她爲妻！」

沒想到，女子的父親卻冷淡地說：「終於想通啦！很抱歉，你遲到十年，我女兒現在已經是三個孩子的媽了。」

「這……我……」哲學家當場崩潰，萬萬沒有想到「深思熟慮」之後，換

得的卻是一場空。

兩年後，抑鬱成疾的哲學家臨終前，忽然將自己所有著作全丟入火堆中，然後拿出一張紙，寫下這麼一行字：「將人生分爲一半，前半段的人生哲學是『不猶豫』，後半段人生哲學是『不後悔』！」

人生哲學若眞能像哲學家那樣清楚分割，世事就不會那麼難解了！其實，是否需要反覆分析，總要視情況而定。

不是當下做了就是對，當然，也不一定認眞想半天就能得出正確的答案。其實，不少人也和故事裡的哲學家一樣，遇到機會時，心裡總想著許多可能和猜測，只是他們遲遲下不了決定的原因，卻不是因爲事件本身有問題，考量的更不是事情的好與壞，而是任憑心情天馬行空地作怪。

他們心中明明很愛，卻偏偏裝作無所謂，或是強裝很理性、很有智慧，只是惺惺作態了大半天，以爲可以多保有一點面子，或是少一點傷心機會，結果

卻因爲多慮，最終只得面對錯過與悔恨啊！

面對愛情，哪需要花上十個年頭折磨自己？

只要單純問自己，想不想有個人陪伴，想不想有個溫暖的家，然後給個簡單的「要」或「不要」的答案就夠了。

很多事情也是如此，保持愉快、客觀的心情，我們自然會聽見眞誠而確實的心音；勇敢做出決定，不管是要或不要，我們都不會再有後悔的時候。

人生沒有困境，只有自我囚禁

黑夜過去總會重見黎明，只要我們願意振作精神，也勇敢面對，不放任心情隨意飄蕩，就能朝向正確的目標前進。

天下事從來沒能困住任何一個人，之所以有人會灰心沮喪、灰心沮喪、不知所措，究其原因，總離不開「逃避」和「不肯面對」兩種情況。

人生沒有眞正的困境，有的都是自己設置的囚牢；很多時候，所謂的「困境」只是你用惡劣的心情囚禁自己。

當天氣昏暗不明的時候，該做的不是放任情緒埋怨壞天氣，更不是氣惱著老天爺故意捉弄，而該是由自己點燈，照亮前進的方向才是。

「謝謝，謝謝！」新郎官和新娘子捧著糖果盤，笑著送客。

「恭禧啦！」「要早生貴子呦！」「來來來，你們互親一個！」朋友們道賀與嬉鬧聲此起彼落，好不熱鬧。

有些醉意的老沈也走到新人身邊，笑著說：「我可是大老遠，乘著船來呀！恭禧啦，祝你們白頭到老！」

「謝謝！」新郎笑著拍了拍老沈的肩說。

只見老沈搖搖晃晃地走出去，接著來到岸邊，準備駕著小船回家去，此刻天色昏暗，河岸邊有些涼意，但不冷，反倒拂得人有些睡意。

老沈摸黑上船，熟練地用力划著槳，只是不知道怎麼了，划了老半天還不見對岸，沉沉的睡意和昏昏的酒意，讓他機械式地划著槳，划著划著……

「咦？天亮啦！」

朝陽高昇，也照醒了老沈，他先定了定神，然後睜開雙眼，一看：「天哪！這是哪兒？我怎麼還在船上？撞鬼？鬼打牆？」

老沈隱約記得昨天「划了很久很久」，但是眼前景象卻告訴他，船一動也沒動地停在原來的岸邊。這可把他嚇得驚呼一聲，然後沒命地跳上岸，準備奔逃至老朋友家。

不過，就在他跳上岸的同時，不小心被岸上的一個東西絆了一下，跟著便狠狠地跌了一跤，定神一看，卻是固定船身於岸邊的纜繩。

「這，哈哈哈……」一陣尷尬笑聲忽然響起，這才知道，原來昨晚忘了把綁在碼頭邊的纜繩收起來呀！

故事很簡單，但越是簡單的故事卻常隱含著非常深的寓意。試想，我們不也常像老沈一樣，迷迷糊糊地生活，然後不知不覺地被無形枷鎖套住？

然而，我們不僅毫無察覺，更經常被困鎖其中，以致於怨念叢生、生活窒息，甚至不知不覺地任由情緒左右，放棄對生命的主控權。

故事中的老沈最終還能醒來，也清楚看見自己的問題所在。反觀那些只懂埋怨生活的人們，一方面親自綑綁自己，另一方面卻又死命地將責任推給他人，還一味想得到解脫，希望突破，不免有些天方夜譚。說穿了，他們不過是在欺騙自己罷了。

想解鈴，仍得靠自己解開，繩索確實綁在某個地方。事實上，心海裡的結並不難找，但找到了結不代表它會自動解開。不要期待別人幫我們拆開，因爲不肯自己拆解，有一天再遇糾結，我們一樣拆不開也解不了，反覆受困，反而會讓我們自己越來越走不出來。

黑夜過去總會重見黎明，再昏沉也會有清醒時分。哪怕只有一刻鐘，只要願意振作精神，並把握醒著的時候看清自己，也勇敢面對，不放任心情隨意飄蕩，我們就能朝向正確的目標前進。

多一點理性，愛才能多一點肯定

情感是欺騙不了人的，愛與不愛確實需要勇氣，可是更需要理性，只有感性和理性同行，才能等到真正的愛情。

喜歡看愛情故事的人，看盡愛人之間的癡戀，卻總得不出眞愛要訣。一肚子對現實愛情的怨懟，卻忘記愛情世界的眞諦。

苦戀的情節確實讓人同情，然而想牽手一輩子也不容易！倘若捨不得共享生活中的一切，談及付出時總不忘計較，那麼在決定套上婚戒的那一刻，還是理性地再思量一下吧！

這個村莊有棵老樟樹，樹身得由五個人手牽手才能圍住它，老一輩的人都說它是「姻緣樹」，當地因它衍生出不少美麗故事。

這天，一對兩小無猜的男孩女孩請姻緣樹作見證，小男孩從地上撿起一塊尖尖的小石頭，使勁地在月老樹上畫了一顆心，還將自己的名字刻上，接著便將石頭遞給了小女孩。

女孩滿臉通紅地接過小石頭，也在那顆心上刻下了自己的名字，這時男孩忽然搶過小石頭，在心邊刻下了：「我永遠愛妳！」

女孩笑著搶過石頭，然而當她剛寫下「我」字時，女孩的母親忽然出現，大聲地叫喊著她，嚇得女孩急忙跑回家。

第二天，男孩問女孩：「昨天妳想刻什麼？」

女孩卻笑著說：「這是秘密，才不告訴你。」

兩個人從兩小無猜到了熱戀情人，一路相伴到成年，女孩後來考上了大

學，男孩卻落榜了，從此情人兩地相隔。

爲了負起家計，男孩不再升學，決定靠自己的力量開創一片天。他從姻緣樹旁邊的草地開始起步，從放牧到農莊，事業一步步茁壯成長。

「不管我在哪裡，我一定會回來，然後在姻緣樹上刻下我沒刻完的字。」這是女孩那年離開時塞給他的信。

但是，後來女孩全家卻搬離當地，男孩從此失去了女孩的消息。五年過去了，男孩的生意越做越好，已是鎭上的有爲青年。由於事業有成，相貌也不差，當地女孩們對他無不傾心。

但年輕人始終拒絕，因爲他一直相信那個諾言，爲了這個諾言，他強忍著寂寞和思念。有一天，男孩收到女孩母親的一封信，要他死了那份心，男子看了十分傷心，但卻依然掛念著，每當來到姻緣樹下時，臉上仍流露出聽到諾言之時的幸福笑容。

「不！我知道她一定會實踐諾言！」

男子忘記了那封殘忍的書信，決定相信女孩會回來，用工作來忘記悲傷和

思念，並天天來到姻緣樹下，等待未完成的允諾！

有一天，男子很早起床，也照例先來到姻緣樹前，遠遠的，他看見一個女孩身影佇立在姻緣樹下：「是她嗎？」

男子加快腳步跑近，一靠近時卻不見女孩的身影，但是看到了過去他們刻的「我」字後面新刻了「也是」兩個字！

「是她！她回來了！」男子轉念一想，忍不住激動了起來，著急地繞著樹身，才一轉彎便見那個女孩站在他的面前。

「回來了！」男子哽咽著說。

「嗯，我回來了！」女子紅著眼眶，微笑地說。

結局十分美好，如此癡心的「等待」想必感動不少易動的心，也必然羨煞不少一樣苦戀中的癡情男女。只是，這樣的等待，雖能得出一段佳話，卻也有值得省思的另一面。

我們都會支持兩顆眞情相戀的心，只要在歷經現實考驗之後，依然堅持相守，仍能堅毅陪伴，這樣的情侶才是天上人間的最佳配對，因爲兩顆心已成同顆心，相信直到終老，他們也會是讓人羨慕的老戀人。

反之，癡心單戀的人，兩份心思情感各異，徒見一方苦苦等待，最終總是一個苦字，要盼望結成甜美果實恐怕不易啊！

想對著喜歡的人說「我回來了」時，別忘了，要先確定對方是否也有相同的等待。情感是欺騙不了人的，愛與不愛確實需要勇氣，可是更需要理性，不要任憑單方面的愛意，自以爲對方也有同等的心情。只有感性和理性同行，才能等到眞正的愛情。

善加控制自己的情緒

只有控制好情緒，不放任心情隨意宣洩，用理性處理事情，才能擁有健康的身心，才能享受快樂的人生。

不要讓自己的心情處理事情，理性地控制情緒，提高自己的EQ，才是讓身心保持健康的最佳方式。

如果我們讓EQ處在低點，並任由情緒操控生活，很快地，我們便與「瘋子」無異，我們的社會就像「瘋人院」了。

很久以前，有個國王親自到瘋人院訪察，因爲他對這個病症非常好奇，便主動研究病因。

國王看見有個人正在大哭，還把頭用力地朝牆壁猛撞，看著他滿臉的憤怒，似乎受到很可怕的傷害，於是好奇地問：「這個人怎麼瘋的？」

院長說：「他愛上了一個女人，但是對方卻不愛他，於是就瘋了。」

國王嘆了口氣，走進了另一個病房。

這裡有個男人也是滿臉怒氣，還朝著一幅女人的畫像猛吐口水。

國王問院長：「這個人發病的原因，是不是也跟女人有關？」

院長點了點頭說：「是的，他的愛人就是剛剛那個病人愛上的女人，雖然他得到了那個女孩，但是卻從此瘋了！」

國王說：「看來，每個人都應該研究這個病症，因爲這關係著每一個人，甚至不必到醫院裡來，就可以發現，原來我們早就生活在『瘋人院』中。」

這則故事非常有趣，習慣站在遠方觀看別人的我們，總是以偏狹的目光對人指指點點，然而，當我們站在自以爲是的角度時，國王卻忽然出現，對著我們說：「原來你也是個瘋子啊！」

我們是不是瘋了，也許只有自己知道，不過，就像故事中的兩個病例，因爲無法控制情緒，而失去理性的判斷，自然而然就「瘋了」。

看到這裡，你怎麼想呢？

社會亂象的根源，其實就是源自於你我的情緒。

當國王發現，我們原來早就生活在瘋人院時，他的本意不是爲了嘲諷，而是要我們重新審視自己的生活。

只有控制好情緒，不放任心情隨意宣洩，用理性處理事情，才能擁有健康的身心，享受快樂的人生。

5.

機會是否存在，取決於心態

別再用心情處理事情，
不要忽略了生活中的每一個細節，
學學堅持與不放棄，
認真地檢查你的態度吧！

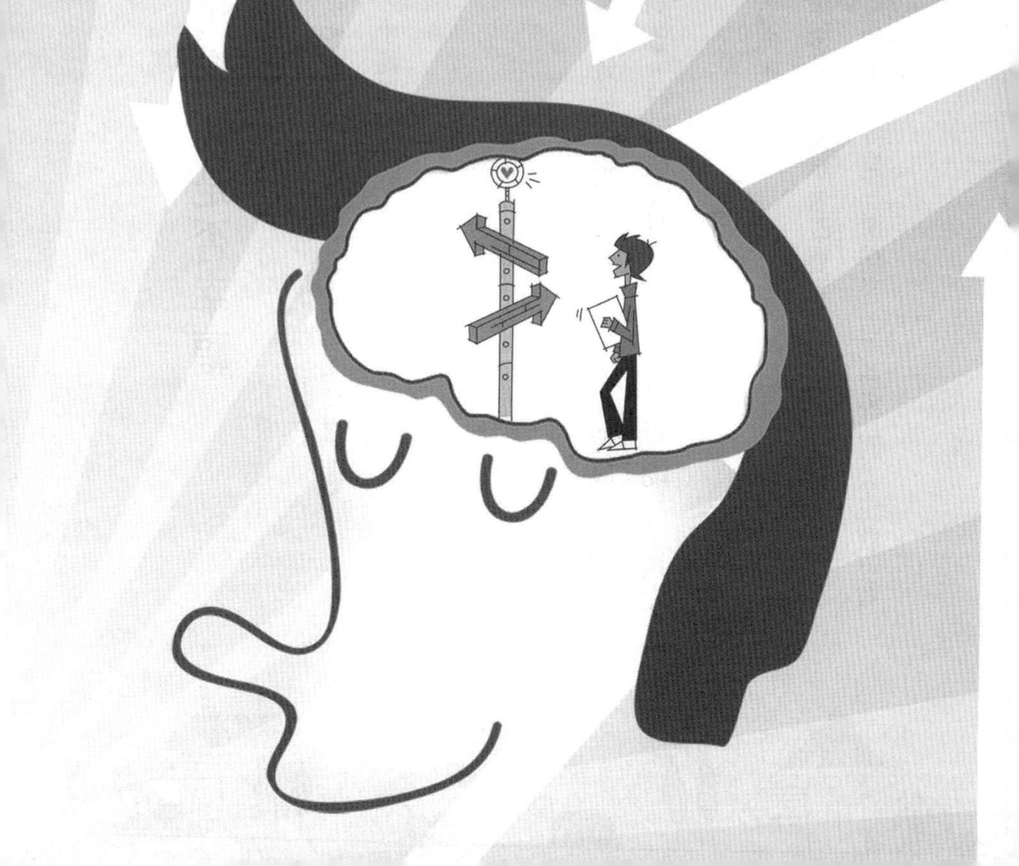

看事情的角度，決定你是否幸福

有人只知怨天尤人，無法以客觀的角度將一切事情看個清楚，必須放下埋怨、不平的心情，才能理智看待一切。

一個人的負面情緒會改變週遭的氣場，讓事情朝負面的方向發展。不管做任何決定，如果受到情緒波動的影響，行爲便沒有自主權，最後只能無奈地受命運的宰割和擺佈。

你的人生烏雲密佈，找不到方向嗎？

不要讓低迷的心情影響你的決定，而要試著改變看待事物的角度。

告訴自己，在灰暗的天空中，如果看得見一道曙光，那麼你的人生就沒有什麼「不可能」的！

一九三四年的春天，愛波特在威培城西道菲街散步的時候，目睹了一件事，也因爲這件事，讓他的人生觀有了重大的改變。

在這件事發生之前，愛波特有一間已經開了二年的雜貨店，但是，這間店的生意並不好，不但把他的積蓄都賠光了，還負債累累。

不久，他便把雜貨店給關了。雖然店已經關門了，但還是必須先把貸款還清，才能回到故鄉堪薩斯重新開始。

生意經營失敗的愛波特，因爲這個打擊，失去了一切的信念和鬥志。

就在這個時候，有個失去雙腿的人朝著他的方向走來，這個缺腿的人坐在一個木製的車子中，靠著雙手的力量拄著拐杖往前滑走。

兩人剛好在過馬路時相遇。缺腿的人滿臉精神微笑地向愛波特招呼著：「先生，您早啊！今天天氣眞好，不是嗎？」

愛波特看著他，突然間感到非常慚愧，忍不住低下頭，看著自己健全的雙腿，心想：「我多麼幸福啊！我有兩條健康的腿可以走路，再看看人家，失去了雙腿卻還能這麼快樂，這麼充滿自信，我還有什麼地方不滿足？」

心中有了這樣的對比，愛波特忽然覺得，自己是全世界最幸福的人，心情也開闊了起來。

原本還在煩惱貸款的他，決定鼓起勇氣，再向銀行借了二百元，並在他跌倒的地方，重新開始。

後來，他每天早上梳洗時，都會仔細地讀一遍鏡子上的文字：「我憂鬱，因為我沒有鞋；我幸福，因為我看見他沒有腳！」

有句俗諺這麼說：「你騎馬來我騎驢，看看眼前我不如；回頭一看推車漢，比上不足比下餘。」

幾乎所有的人都要經過比較，才懂得這番道理；然而還是有很多人，就算

有得比較，仍然看不見這番道理。

有人看見推車漢，從此懂得知足的幸福；有人看見騎馬人，只知怨天尤人，即使看見推車漢，也無法以客觀的角度將一切事情看個清楚，只會怨懟：「唉，活在這樣的世界眞不幸啊！」

你怎麼看待你的世界呢？

不努力的人請往上比較，不知足的人請往下體會，必須放下埋怨、不平的心情，才能理智看待一切。

這個世界就是這樣，它的多元，不只是在功成名就的層面上，更存在於我們追求的幸福人生中。

得失心少一點，快樂就會多一點

何必因為意外的得失自怨自艾？別把得失看得那麼重，不管生活貧困或富有，只求生活快樂最重要。

有段生活禪詩是這麼寫的：「春有百花秋有月，夏有涼風冬有雪；若無閒事掛心頭，便是人間好時節。」

只要得失心少一些，我們的心田自然能容納更多的富足感。

只要內心富足，我們就不會因爲得失而陰晴不定。

尤里斯是個很有才氣的畫家，在他的作品中，總是能感受到一份快樂的情緒，他曾說：「人生很快樂，所以我喜歡畫快樂的世界！」

這天，有個朋友拿著彩券走了進來，看見尤里斯又在辛苦作畫了，忍不住勸他說：「尤里斯，勸你還是去買張彩券試試運氣吧！只需花兩馬克，你就有機會可以賺到很多錢。」

尤里斯笑著說：「好哇！」

沒想到第一次買彩券，尤里斯居然中了五十萬馬克。朋友羨慕地說：「沒想到你這麼幸運，一次就中，以後你可以不必再畫畫了！」

尤里斯笑著說：「是啊！以後，我只需要在支票上畫數字就可以了。」

賺了一筆意外之財的尤里斯，立刻買了一幢別墅，還花了一大筆錢裝飾這間房子。屋子完工後，尤里斯獨自來到屋子裡，感受一下新房子的氣派。

尤里斯滿足地坐在華麗的波斯地毯上，仔細欣賞著華麗的新房子，並點燃一根煙，靜靜地感受這個意外之財帶給他的幸福。

但是，這樣的幸福感卻不持久，只見他站了起來，吐了口氣說：「眞是孤單，還是到朋友家去吧！」

他隨手把煙一丟，便走了出去。

他完全沒料到，這個很平常的丟煙動作，卻把他的幸運一瞬間燃燒精光。因爲他忘了，這個地方不像過去的那間石屋，鋪在地上的不再是粗糙耐用的石板，而是脆弱易燃的波斯地毯。

朋友們知道這個不幸的消息，紛紛前來安慰尤里斯，有人說：「尤里斯，你眞是不幸啊！」

只見尤里斯不解地問：「爲什麼不幸？」

朋友以爲尤里斯傷心過度，忘了發生什麼事，便提醒他：「你好不容易得到五十萬馬克啊！眞沒想到就這麼一下子，全部又沒了。」

尤里斯看著朋友，接著開朗地大笑說：「什麼五十萬馬克？其實，我只損失兩馬克而已呀！」

人若是不能用平常心看待財富，就會患得患失，就像英國諺語所說：「財富在辛苦中得來，在憂慮中保持，在悲傷中失去。」

如果，用金錢換得的全是孤單和寂寞，有多少人眞的願意一個人獨坐在寂寞的金山上呢？

意外之財本來就不是我們的，當它意外地消失時，多數人不過是回到原來的生活而已，並沒有任何損失。何必因此自怨自艾？

所以，別把得失看得那麼重，學學尤里斯吧，得到或失去的心情，無法撼動他對人生的看法。不管生活貧困或富有，只求生活快樂最重要。

實際行動勝過揣測不定

生活中不免遇到問題，何不放下不安的心情，少一點想像和猜測，多一點勇氣面對與積極解決的行動力？

每當一種新食品出爐時，我們總會對內容物充滿複雜的感覺，因爲好奇所以想試一試，卻又擔心口味不對胃，這時有人會等待別人先嘗試，有人會自己積極嘗試，不知道你常怎麼決定？

人生中的各種問題其實就如同嚐鮮一樣，擺在心裡好奇不已，想試卻又不敢試，因而遲遲無法決定的情況，不就像解決問題或邁向新生活目標一樣，只是那麼多遲疑，對我們有何助益？

不妨聽服務生的話：「試了就知道」，大膽一試之後，自然就會知道東西到底對不對胃，事情到底容不容易解決。

在某個菜園裡，擺放了著一顆很大的石頭，寬度大約有三十五公分，高度有十二公分，曾經走進菜園的人，幾乎每一個都會不小心踢到那顆大石頭，不是被大石頭絆倒，就是被它尖銳的角刮傷。

有一天，小女兒忍不住對父親埋怨地說道：「爸爸，你爲什麼不把那顆討厭的石頭挖走呢？」

農夫爸爸回答說：「妳說那顆石頭啊，它可是從妳爺爺那個時代就有了，而且一直從以前放到現在，其實老爸也不是沒想過要搬移它，可是妳看看，它的體積那麼大，眞不知道要挖到到什麼時候呢？何必浪費時間去挖它，只要我們小心點走路就好了。再退一步想想，我們還可以藉此來訓練自己的反應能力，不是挺好的？」

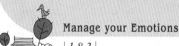

就這樣，這塊惱人的大石頭再次被保留在原地，繼續考驗著這一家人的「忍耐力」和「反應能力」。

又過了不知道多少年，這顆大石頭已留到了新一代出生，當年的小女孩已經結婚生子了。

有一天，女婿來到女孩家，被派到園子裡摘點新鮮蔬菜，只是女婿才剛走出去，不一會兒工夫便見他氣呼呼地走回到屋裡，並對著家人說：「爸爸，菜園裡那顆大石頭擺在那兒實在不妥，改天請人搬走好了。」

老爸爸還是笑著說：「算了吧！那顆大石頭看來很重的，再想想，要是可以搬移的話，早在我小時候就被搬走了，哪裡會讓它留到現在呢？」

女婿聽了雖然不大認同，但也不好反駁，只是心裡默默地想著：「不行，不搬開的話，大家不知道還要跌倒多少次，還是把它搬開吧！」

第二天早上，只見女婿一個人帶著一把鋤頭和一桶水來到菜園裡，先是將整桶水倒在大石頭的四周，約莫等了十分鐘之後，再舉起鋤頭，輕輕地在大石頭四周攪鬆泥土。

女婿原本心裡已經做好準備要花一天的時間來挖，未料，竟不用十分鐘就好把石頭挖起來。原來，這看起來沉重的大石頭，埋在土地的面積居然不到土壤外的百分之一啊！

雖然農夫一家人都討厭那顆大石頭，也都覺得它阻礙了大家的生活腳步，但是農夫卻沒想到往後生活、工作的便利性，只想著搬移石頭的困難度，也只顧著找各種理由和藉口推諉，始終不肯試一試。若非女婿的積極嘗試，這一家族的人恐怕要受困於這顆「大石頭」一代又一代。

從農夫身上反省我們自己，是不是也曾有過相似的狀況，又是否也曾因為一些無謂的猜想煩惱，而讓自己始終困在原地踏步？

眼前的大石頭不搬開，或許真能訓練我們的耐力與敏銳度，但若是這麼想，搬移了石頭，我們不僅能多空出一小塊土地發揮，行動也能不再因閃神而受傷，不是更一舉兩得！

生活中我們不免遇到難以解決的問題，也總會想著其中的麻煩，猜測著可能難度，但無論我們怎麼臆猜，事情總要解決面對，陷在猜疑不定的心情裡，不可能將事情處理好。

既然如此，何不放下不安的心情，少一點想像和猜測，多一點勇氣面對與積極解決的行動力？

早一點把問題解決，才能少一點「早知道」的遺憾。

機會是否存在，取決於心態

別再用心情處理事情，不要忽略了生活中的每一個細節，學學堅持與不放棄，認真地檢查你的態度吧！

機會人人都有，只是每個人等待機會到來的時間長短不同。

但是，從另一個角度來說，機會並不是人人都有，因爲每個人等待機會到來的耐心，也是長短不同的。

不要忽略了生活中的每一個細節，即使只是張履歷，也要因應不同的公司特質，針對他們需求的條件認眞地修改，才能展現你的誠意。特別是在寄了一百封應徵信還得不到回應時，你該做的是改變心態，而不是情緒化的處理方式

是不可對你有幫助的。

三年前，四十歲的喬伊遭到公司無預警裁員，一家人的生活頓時陷入困境。為了養家活口，他只好四處打零工，賺點錢維持家計。

喬伊一邊打工，一邊尋找正職，但是面試時，他們不是以年齡太大拒絕，就是說沒有空缺。雖然處處碰釘子，喬伊卻從未失去信心。

有一天，他發現住家附近有一家建築公司，於是他寄了第一封求職信到這間公司。信中他沒有吹噓自己的才能，也沒有提出任何要求，只簡單地寫了七個字：「請給我一份工作。」

老闆收到這封求職信後，便直接轉交給秘書，要他們回覆喬伊：「對不起，公司沒有空缺。」

喬伊收到回信後一點也不難過，又寄了第二封求職信去，還是沒有多說自己的才華，只是在第一封信上多加了一個字：「『請』請給我一份工作。」

從此，喬伊一天寄兩封求職信，而且每封信上都沒有多談自己的情況，只在信的開頭上，比前一封信多加了一個「請」字。

三年的時間，喬伊寫了二千五百封信，第二千五百封信的「給我一份工作」的前面，已經累積了二千五百個「請」字。

當建築公司的老闆見到第二千五百封求職信時，終於沉不住氣了，親筆回了一封信：「請即刻來公司面試。」

面試的時候，老闆告訴喬伊，公司裡最適合他的工作就是處理郵件，因爲他很有耐心。

曾經有人問他：「爲什麼你在每封信上，只增加一個『請』字呢？」

喬伊微笑地回答：「沒什麼特別的，因爲我沒有打字機，這個動作是爲了讓他們知道，這些信沒有一封是複製的。」

另外也有人問老闆：「您爲什麼願意錄用喬伊呢？」

老闆幽默地說：「當你看到信上有二千五百個『請』字時，如果還不被感動，恐怕就有點冷血了！」

看完了故事，或許有人要嘲笑喬伊的笨或臉皮厚，但是不可否認的，因爲他的「誠意」與「執著」，終於讓他找到了適合的工作。若是喬治因爲一時的受挫，陷入灰心喪氣的情緒中，不願奮起振作，必然會失去工作的機會。

曾經看到一則報導，有個人應徵不下百間公司，而且不管應徵的職務是否相同，他寄去的履歷全是統一格式。

專家問他：「你的履歷表怎麼這樣寫？」

他說：「我又不是第一次找工作，隨便寫寫就好了！」

還在失業中的你，是不是也抱著這樣的態度，用隨便的心情找工作呢？別用心情處理事情，別再抱怨自己找不到工作了，學學喬治的堅持與不放棄。還有，認眞地檢查一下你應徵的態度吧！

不逃避，便能贏得敬意

一時的避和意氣，不可能將事情處理好，冷靜處理自己一時想逃避的心情，勇敢面對最忠實的理念，便能贏得所有人的敬意。

「人無信不立」，信譽是一種無形的資本，一個人的信用比有形的金錢或能力更爲重要。人們常說「信用即是財富」，便是這個道理。

一時的逃避和意氣，不可能將事情處理好，特別是情勢不利於你的時候，眞正能得到人心的人，要有無人能比的信譽和信念。

當年巴黎公社失敗後，反動軍便開始屠殺參與者，刑場上，犯人一個個被押到土牆前，等候槍決。

在典獄長的監督下，有十二名槍手執行槍決任務，這時有個十六歲的少年被押了上來。沒想到，少年忽然跪了下來，向獄長哀求：「先生，我的母親就住在附近，我死後她就沒有依靠了。我這裡有只金錶，能不能讓我把金錶送給她後，再回來等候槍決？」

典獄長看著少年，想起家中同齡的兒子，忍不住動了惻隱之心：「好，我相信你，你去吧！」

其實，典獄長心中還想著：「他只是個孩子，放就放了吧！」

看著少年的背影，每個人都想：「走了，還會回來嗎？別想了！」

沒想到五分鐘後，人們又看見少年的身影了！只見他氣喘吁吁地跑了回來，還站回到堆滿屍體的土牆前。

少年堅強地說：「先生，謝謝您！您可以開始了！」

在這樣的情境中，原本充滿仇殺的氣氛忽然間都不見了，這個少年身上居

然充滿著勝利的驕傲，一種神聖不可侵犯的精神，正濃烈地散播著。

執行官呆了好久好久，當男孩緩緩地閉上雙眼時，他才艱難地舉起了槍，用著顫抖不停的手，開了一槍……

因爲對承諾的堅持，讓年輕人的精神不死，也因爲他的誠信和勇於面對，反而征服了敵人的心。

一旦偏離了誠信，想要看見成功的機會，恐怕很難了。

當你也被少年的誠信和信念感動時，不妨重新審視自己的待人處事方式，何不用相同的方式面對未來？冷靜處理自己一時想逃避的心情，勇敢面對最忠實的理念，便能贏得所有人的敬意。

不強出頭，才能堅持到最後

做任何決定前，還是得衡量自身狀況，將一切控制在自己能負擔的範圍內，才能達到最好的成效。

美國知名魔術師大衛．布萊恩爲了創新世界紀錄，曾經在注滿水的玻璃缸裡待了八天七夜。

這種「亡命」式的表演，雖然贏得紀錄，卻讓他的身體受到很大的損傷。

不管做任何事，都必須量力而爲，過與不及都不是一件好事。

一九九九年冬天，法國某地舉行了世界性的吃蝸牛冠軍賽。來自各地的高手紛紛聚集於此，準備大顯身手。一位法國青年一鼓作氣，三分鐘內吞下一百七十二隻蝸牛，奪得了世界冠軍。

正當觀衆們熱烈地向他祝賀時，這位冠軍忽然腹痛難忍，倒在地上痛苦地打滾。救護車立即將他送到醫院，檢查結果是暴食暴飲引起的急性胃擴張，醫生千方百計地搶救，還是宣告無效，這位世界冠軍就這樣活活脹死了！

二〇〇〇年夏天，某城市一家新品種的啤酒問世，廠商爲了促銷，就在市中心的廣場舉行喝啤酒大賽，得到冠軍的人可以獲得大筆獎金、一輛摩托車和一輩子喝不完的啤酒。

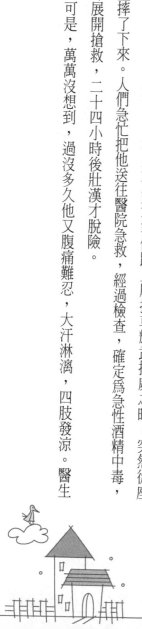

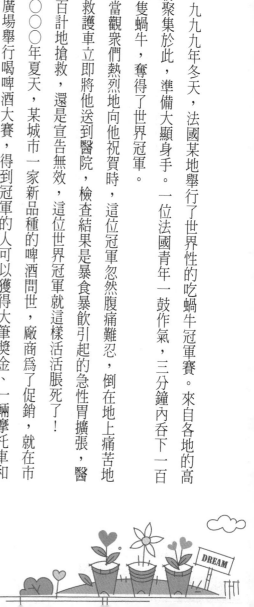

有一位壯漢在五分鐘內灌下了十一瓶鮮啤酒，奪得冠軍，廠商立即頒發獎金和獎品給這位壯漢。正當這位冠軍準備跨上摩托車耀武揚威之時，突然從座位上摔了下來。人們急忙把他送往醫院急救，經過檢查，確定爲急性酒精中毒，立即展開搶救，二十四小時後壯漢才脫險。

可是，萬萬沒想到，過沒多久他又腹痛難忍，大汗淋漓，四肢發涼。醫生又對他進行全面檢查，發現是合併急性壞死性胰腺炎。雖然再次全力搶救，但因病情過重，兩天後死在急診室裡。

或許有人會說，那是因爲吃了太多蝸牛、灌了太多的啤酒才會有如此下場。殊不知，就算是水，喝太多也會導致死亡。根據一項醫學報導，人在短時間內攝取過量水分，會使得腸道積聚大量水分，體內電解質濃度產生變化，被大量稀釋，新陳代謝就會受到劇烈影響，使人意識不清、昏迷，甚至死亡。

挑戰人類的極限，或許對一些人來說是一生的夢想，就算丟了生命也無所謂。但是做任何決定前，還是得衡量自身狀況，將一切控制在自己能負擔的範圍內，才能收得最好的成效。

有想法，也要有做法。制定標準時，要以「剛剛好」爲原則，才能讓自己用更寬大的心胸、更廣闊的視野看待一切事物。

忘卻恐懼才最實際

生命最難過的不是面對死亡，而是不知道要如何生活。走在生老病死的人生路上，我們真正要煩惱的是要怎麼「生活」。

自古以來，哲人們對生死大事便有許多討論。

孔子說「未知生焉知死」，有人則認爲「知死然後知生」。

這兩個看似相反的認知，其實要闡明的道理相同，就是要「把握當下，好好地活著」！

這天，哲學家藍姆．達斯來探望一個罹患絕症的婦人。

只見這個婦人有氣無力地訴說著死亡的可怕：「唉，我就快死了！你還來看我，唉，人死了……」

藍姆．達斯聽見婦人滔滔不絕地訴說著死亡的可怕與病痛的煎熬，忍不住搖了搖頭。當婦人喘口氣，準備繼續說時，藍姆立即打斷：「您可不可以別花那麼多時間想像死亡？您何不把握時間，好好地活著呢？」

藍姆打斷她的話時，婦人情緒很差，但是，就在藍姆懇切地建議她，好好地活下去時，婦人忽然間也頓悟了。

她開心地說：「您說的對！這些日子以來，我一直忙著『死亡』的事，完全忘了該怎麼『活』，謝謝您！我明白了。」

一個星期後，這個婦人安詳地走了。

臨死前，她心滿意足地對朋友說：「這個星期是我生命中最精采的時光，眞要謝謝藍姆．達斯。」

想像自己正在生死關頭，你會怎麼看待這場生命最後的拔河賽？

事實上，生命最難過的不是面對死亡，而是不知道要如何生活。走在生老病死的人生路上，我們眞正要煩惱的只有一項，那就是要怎麼「生活」。

死亡的可怕不是因爲死，而是很多人直到臨死之前才忽然發現，自己還有太多未完的遺憾。

精力充沛時，不覺得事情的重要，每天任由生命虛度；直到面臨死亡，才驚覺原來自己有這多事情要做，原來，人生這樣短暫、珍貴。此時，最需要做的便是忘卻未來死亡的恐懼，好好把握「現在」才最實在。

就像故事中的藍姆．達斯傳達的意思：「如果你還時間想像死亡，何不好好地活著？」

人生大事，不能衝動行事

人生路走得開不開心，我們時時都能深刻感受到，一旦發現不對，就要即時煞車，勇敢面對。

關於婚姻事，常有人自囿於年紀壓力，匆匆找個伴，婚後卻總是聽見他們懊悔：「當初眞不該這麼衝動，眞該想清楚的！」

其實，做任何事本來就要想清楚，不能衝動行事，處世是這樣，待人更該如此，談感情更是要謹愼小心。因爲，婚姻路一旦踏上了，就不像其他事可以輕易地隨時轉道，另闢新路了。

結束了近十年的婚姻，她如釋重負跑到海邊，大聲狂叫著：「自由了！我終於自由了！」

將近五年的思索，她天天要求自己要冷靜客觀地剖析。在這三十三歲的人生時刻，她忽然發現自己一直都生活在別人的陰影中，習慣以別人的標準和意思來做事，甚少想過自己是否喜歡、是否開心，爲了符合家人朋友的看法，她不斷地委屈隱藏自己心裡的聲音。

她發現，之所以會有這樣情況全是父親的關係。在這個父權爲重的家庭裡，事事都得以「父」爲尊，一切都得聽父親的指令，她和弟弟從小所有大小事情都由父親做主，決定一切，誰都沒有發言權。

雖然中間尚有母親安撫說情，但母親過世後，父親大男人的個性變本加厲，不僅事事干涉，甚至一不順心便會對他們又打又罵。後來，弟弟實在忍受不了離家出走，讓她獨自面對承擔這一切。

少了弟弟，女孩便成了父親唯一的希望和寄託，女孩乖乖地照著父親的盼望前進，也乖乖地完成了父親期望的每一件事。

一切事情看起來都十分順利。求學時期，她保持名列前茅，在老師們的眼中是個難得的好學生，在同學的眼中更是個聰慧非常的好女孩，特別是在大學校園裡，她更是成了不少男孩心底的夢中情人。

畢業後，在父親的安排下，她成爲一位企業家的兒媳婦，也風光地冠上了總經理夫人的頭銜，這對外人們來說自是十分羨慕。表面上看來，女孩擁有了一切，日子也過得悠閒安逸，但是有個聲音卻悄悄地在她耳邊響起。

已爲人妻的她，心中忽然堆起了一個又一個問號：「這就是我想要的人生嗎？鏡子裡的人是我嗎？」女人忽然對人生感到前所未有的迷惑，看似擁有一切，實則卻是一無所有。

也難怪她會有這樣的感覺，因爲她的婚姻自始至終都是場交易，兩個人從未愛過彼此，不是爲愛結合的兩個人，感情上始終是空白的。貴婦日漸憂鬱，笑容越來越少見，直到……

當丈夫被爆料醜聞的那一刻，婦人居然笑了，爲何如此，連她自己也不知道，但是當丈夫醜聞消息曝光後，她卻一點也不生氣，反而很平靜地向丈夫提出了離婚要求。一家人冷靜談過之後，女人很快就拿到離婚證書，二話不說離開這個生活了將近十年的家。

接下來呢？她沒有回娘家，而是在外面找了一間房子，重新開始她的人生，她決定要好好珍惜自己的下半生：「這個自由得來不易，不管別人怎麼看，我都要勇敢做自己想做的事，也要做些能讓自己眞正感到快樂的事！」

想必不少人都會這麼覺得，這大約是古老年代最常見的情況，只是，現代人眞的不會發生嗎？

別說政商間的交易婚姻，就連一般爲結婚而結婚的人，不也是一種顧全面子而妥協的交易嗎？更有一些因爲衝動而結婚，光想著一時快樂的戀人們，不也常造成錯誤的結果？

有人因為在一塊久了，養成了慣性想法，卻忽略了心裡滿滿的困惑和無奈，說好聽叫負責任，但想想，這樣的結合眞是給對方一個幸福交代了嗎？

故事中女主角的悲劇看似讓人同情，事實上一切卻是自己造成的！表面看來是個聽話的女孩，其實只是個不敢面對自己的人，人們同情她，說她是個孝順的女兒，但換個角度想，她不也是為了能符合人們心中的「孝順女兒」形象，因而事事順著人們點頭稱許的方向前進嗎？

不幸的婚姻從來不會是單方面的責任，該斷卻又斷不了，要斷卻又斷得不夠乾脆，究其原因，就像故事中女主角一樣，即便在談妥結婚的那一刻，她仍然不知道自己想要什麼樣的將來！

沒有人不能過自己想要過的生活，問題在於你是否有勇氣選擇。愛到底合不合適，我們早早就該冷靜想清楚，然後再做出最後的決定，如同人生路走得開心不開心，我們時時都能深刻感受到，一旦發現不對，就要即時煞車，勇敢面對，所以愛錯了要及早說再見，才不會被愛一傷再傷。

6.

放下懊悔，才有成功機會

現下要把握的還很多，
我們該做的便是放下懊悔的心情，
正面迎向未來，
認真省思、修正自己的弱點，
讓自己更積極地邁步向前。

替自己的人生調出快樂的顏色

無論世界怎麼變化，社會如何現實殘酷，只要不迷失自我，不放縱情緒，能自信展現自己，自然能帶動身邊的人們充滿希望活力。

習慣埋怨環境差的人，其實所有怨懟都是對著自己而發的，看似責怪世界社會的不公，實則隱著對自己不足的煩惱和不滿。

每個人所擁有的環境原本都是塊淨白無瑕的紙張，世界該是怎樣的面貌，自己想有個什麼樣的社會環境，全看自己怎麼執筆彩繪。

想有個歡樂氣氛的世界，就跟著你的想望去調色，然後世界自然會展現出你想要的繽紛色彩。

一個十六歲的少年向一位長者問道：「請問，我要怎麼才能成爲一個自己快樂之外，還能帶給別人快樂的人呢？」

長者笑著說：「眞難得，你年紀輕輕便有這個想法，多少人到老還想不通這件事呢！好孩子，讓我送你四句話吧！」

少年點了點頭，安靜地聽著。

「首先，就是把自己當成別人。你要不要說說看這句話的含義？」長者親切地引導著少年思考。

少年回答：「是不是說，當我感到痛苦憂傷時，要想想那些比我更辛苦的人，這樣痛苦就能減輕；又當我欣喜若狂時，要想一想那些過度狂歡者，好讓自己能遠離瘋狂舉動？」

長者微微點頭，接著說：「第二句話是，把別人當成自己。」

少年沉思一會兒說：「是不是將心比心的意思？要能眞正同情別人的不幸，

並細心理解別人的需要，這樣才能在別人需要的時候給予適當的幫助？」

長者點了點頭，繼續說著：「第三句是把別人當成別人。」

少年毫不猶豫地說：「我知道，就是要充分地尊重每個人的獨立性，不管在什麼情況下，我都不可以侵犯他人的核心價值與自主權利。」

長者笑著說：「真是個聰明的孩子！」

「至於最後一句是，把自己當成自己。」長者說。

「把自己當成自己？」少年喃喃道。

「回去慢慢參悟吧！相信你一定能領悟到的！」長者鼓勵著少年。

少年點了點頭，一時間他確實無法領略，事實上這四句話原本就存在著自相矛盾的情況，實在需要好好整合一下。

看著少年困惑的臉，長者笑著說：「孩子，這其實不難，只是你得用一生的時間和經歷去找答案。」

少年點了點頭，便轉身離開了。時光荏苒，少年轉眼成了中年，跟著又成了一個老者，直到死去。

那答案呢？這麼解吧！在他死後很久，人們仍時時提起他的名字，他們都說，他是個智慧老人，是個充滿樂觀活力的智者，每當看見他，每個人都覺得生活充滿希望與快樂。

看完故事，你是否也渾身溫暖感受？或者，我們可以這麼說，所有人無不渴望身邊能有個這樣的朋友陪伴，是吧？

然而滿心盼望著的時候，我們也該想一想，自己是不是也能滿足別人的「希望」？人跟人之間依靠的不僅僅是「心」的互動，更要有「理」的輔助。當對方滿足了我們的需要之後，別忘了，也要有相同的付出，然後才能眞正構築出你我心中的夢想世界。

其實，長者的教誨不深，每個人的成長腳步便是如此，第一步本來就是要學會「樂觀」和「自律」；接著，在開始與人互動或步入社會之後，便得學習「體諒」和「尊重」。

最終，無論世界怎麼變化，社會如何現實殘酷，只要能守住「自己」，不迷失自我，不放縱情緒，能自信展現自己，那麼我們自然時時刻刻都會是樂觀積極的，也自然能帶動身邊的人們充滿希望活力。

簡單來說，生活就是從「自己」開始，這個世界是灰暗還是明亮，不是看天氣怎麼變化，而是依著每個人怎麼想像。「把自己當成自己」便是要相信自己，決定了就盡力去做，最後再為自己的成果負責，一如長者的寓意：「人生是美或醜，全由自己來決定！」

放下懊悔，才有成功機會

現下要把握的還很多，我們該做的便是放下懊悔的心情，正面迎向未來，認真省思、修正自己的弱點，讓自己更積極地邁步向前。

習慣回憶的人應該都知道，當你回憶過去一切的時候，總是很容易憶起失去的和錯過的記憶。這些讓人傷神的追憶動作，對大多數人來說，其實壞處多於好處，反而讓本該積極生活的當下徒添感嘆。

何必用淚水怨嘆失意？又爲何要用不必要的情緒感傷失去？珍惜現在吧，與其後悔感傷，不如用微笑與更積極的態度走向明天，如此一來，我們的人生才能眞正不留遺憾。

有個窮人死後來到天堂，見到上帝出現時，很不客氣地大吼著：「上帝！我要問您一個問題！」

上帝說：「說吧！」

「好。人人都是你的孩子，不是嗎？」窮人問。

「是！」上帝說。

「既然是的話，您怎麼能讓少數人擁有那樣多的財富，卻讓大多數人貧窮受苦呢？」窮人憤憤不平地說。

「你這麼說就不對了，其實所有人擁有的財富是一樣的！只是每個人能拿到多少，卻由不得我！」上帝無奈地回答。

「您騙人！明明就是窮人多，富人少啊！」窮人不滿地說。

「跟我來吧！」上帝帶著窮人來到了一個隱密的地方，這裡放了一本人間檔案：「你隨便翻吧！然後你就會發現，我分給人們財富確實都一樣。你看，牆上點著的顏色不都是金黃色的，沒有任何不同之處啊！」

窮人仔細地看了看牆壁上密密麻麻的點點兒，的確沒有一顆是不同的，但還是嘀咕著：「怎麼可能，我哪有什麼發財機會？根本是在騙人！」

「來，把你的大拇指按住這個點，然後閉上眼睛，看看你的過去吧！」上帝抓起窮人的手，按在他名字的小金點上。

這時，他才八歲，父母相繼過世，沒了依靠也失去學習機會，這時他看見遠房伯父正和家人討論如何資助他繼續升學，然而當時的他卻放棄這個機會，當然也放棄了未來的富足人生。

那年開始，他便進到社會闖盪。他到過許多地方，什麼工作都試過，但直到二十二歲，依然一事無成。雖然他能吃苦也勤快，卻有個很糟糕的缺點，那便是沒有耐心，做什麼事都不長久，轉眼便又失去了一個大好的發展機會。

與此同時，他看見老闆正和太太商量：「他十分可靠，如果能好好栽培，那麼我也算找到繼承人了，就讓女兒嫁給他吧！」

這個畫面十分吸引人，但事實上情況卻沒有走到這一步，因爲窮人最後還

是選擇離開，從此，他又開始浪跡天涯的生活了。

只是機會仍沒有忘記他，有一天晚上，他舉起蹣跚步伐，準備回家時，忽然聽見一個女人的求救聲音。是的，他聽得很清楚，但是卻沒有回頭，繼續前進，因為他覺得沒有必要多管閒事。

就在這個時候，出現另一個畫面，沒想到那個求救聲正是他的眞命天女。她是一位富翁的女兒，因爲他曾經在富翁家工作，女孩偷偷暗戀著他，爲了見情人一面，便設計遇險，希望情人能「英雄救美」，未料結果卻讓她心碎。

這一切往事讓窮人看得渾身顫抖，直到影像播畢，窮人呆了許久許久，忽然抬頭說：「唉，如果人生能重來，我一定會成功的！」

上帝搖了搖頭說：「如果你不改善自己的缺點，結果永遠不會改變！」

仔細想想，人生若眞能重來，有多少人眞的認爲自己能好好把握？

一如故事中的男主角，多數人一回想起曾經錯過的機會，總憤憤不平地怨

天尤人。事實上，這一類人即便能從頭來過，多半會再次錯過，因爲他們不肯正視自己的缺陷，更習於遮掩自己的缺點，難怪上帝要這麼反駁。

與其一再後悔，不如好好檢討已經錯過的機會，事情終究已經錯過，眼前該做的不是再從頭來過，而是從此刻起用心把握！

跟著故事反省，不妨回顧過去的生命歷程，有多少人看見了自己曾經錯過的，和自己一手摧毀放棄的？

不過，不管我們走錯了多少路，或放棄了多少機會，都不應該再怨嘆失去的一切，現下要把握的還很多，我們該做的便是放下懊悔的心情，正面迎向未來。記憶過去是爲了看清自己的缺陷，認眞省思、修正自己的弱點，然後，讓自己更積極地邁步向前。

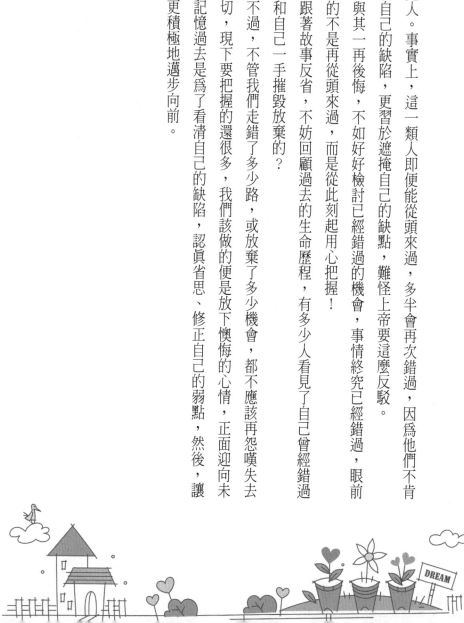

改變態度，才可能進步

人若是不能放下自以為是的心態力求改變，便永遠不可能進步。只有積極踏出每一步，人生才會寫下一頁頁精采的生命故事。

生活除了觀察學習之外，還是觀察學習。當經驗累積充實之後，便能隨心所欲變化出招，不管世事如何變化，也不管順境逆境何時交替，更不管成功失敗怎麼交棒，我們總能微笑地生活，也輕鬆面對。

成功的方法無他，只要多觀察多學習，然後融會貫通，把心得轉化成為自己獨到的經驗與智慧。能做到這點，我們就能為自己爭得難得的成功機會，更能化危機為轉機。

比利的父母接連病逝，只留下一間小雜貨店給他和哥哥經營，由於資金不多，設備十分簡陋，商品更是少得可憐，進門消費的客人越來越少了。

「唉，每天賣不到幾瓶汽水和罐頭，要靠這家小店發財？很困難啊！」比利不禁唉聲嘆氣。

他忍不住問大哥卡爾：「哥，爲什麼同樣的商店，別人可以賺那麼多錢，我們卻只能慘澹經營？」

「嗯，或許是我們的經營方式出了問題，其實就算是小本生意也能賺錢的。」卡爾尋思道。

「但是，要怎麼樣才能經營得好？」比利問道。

「借鏡！」卡爾忽然冒出這兩個字，看來他是找到方法了！

第二天，他們決定到其他商店觀察別人的經營模式。他們來到一間新開業的商店看了一個上午。這家店客人絡繹不絕，生意好得不得了，引起卡爾的好奇心。他們走進店內，一進門便看見入口處立了一個告示牌，上面寫著：「凡是到本店購物的客人，請好好保存您的發票，月底的時候，可以將全部發票帶來，我們會提撥總額的百分之三，作爲回饋。」

「原來如此！」卡爾拍了拍頭說。

他明白這家店生意興隆的原因了，客人們無不冀望著年底「百分之三」的回饋金！於是，他們立即回家，也在門口立了一個醒目的告示牌：「即日起，本店所有商品全面降價，本店還將以全市最低價爲目標！如果您發現不是最低價的，本店願意以差價將商品退回。」

就這樣，卡爾兄弟從對手身上偷來了智慧，讓小店迅速擴大，最終還在全國各地開了不少連鎖店！

這則小故事是不是很熟悉？卡爾兄弟打出來的廣告，不就和市面上某家連鎖店一樣？在這個「證明最低價」的行銷策略中，我們看見的不是商場上的消費心理戰術，而是他們認眞從對手身上學習觀察的積極態度。

其實，所有對手都是可敬的。爲了更勝對方，不少人費盡心思創造發明，努力要脫穎而出，靠著各自獨特的視野與見地，時時出奇制勝，這些差異便是我們學習的地方。

那些自陷於懷才不遇心牢中的人，多半是眼高手低的傢伙。眞正的聰明人不會放任情緒自怨自艾，只會從別人身上得到更多發揮靈感，然後再將學習得來的一切消化吸收，讓自己更上一層樓，一如下面這個例子。

有個貧窮的小伙子來找一位富人，對富人說：「請您允許我爲您工作，我願意免費工作三年，一分錢也不要，唯一條件是，您得供我吃、住。」

這麼好的事情誰不想要！富人當然立即答應了他的請求。但三年之後，窮人卻忽然離開了富人的家，不知去向。

十年過去，窮人再出現時卻全然變成了另一個人，如今的他甚至比原先的富人更爲富有。這一切看在原先的富人眼裡很不是滋味，於是向新富翁提出：

「我想用十萬塊買下你的經驗。」

新富翁笑著說：「買我的經驗！哈哈哈，你不知道嗎？我可是用你的經驗賺得今天的財富，如今你卻要用錢買回自己的經驗？」

所有經驗都是有價值的！但所有經驗法則不會一成不變，我們總得因應不同的時代、不同的生活現實做些改變，就像老富翁與新財主的情況。

生活其實只在一個「變」字。當老富翁保守地過著他的富裕生活時，窮人正在「改變自己」，老富翁缺的便是「變」；當世界開始變化時，他仍固守於眼前的生活，因爲墨守成規的態度，生活自然原地踏步，不見進步了。

人若是不能放下自以爲是的心態力求改變，便永遠不可能進步。

只有積極踏出每一步，人生才會因爲這一步步勇敢、堅持的跨越，寫下一頁頁精采的生命故事。

心生懷疑，難有好關係

別因為過分在乎的心情而心生懷疑、擔心。兩個人相處最難得的就是信任，人際關係是如此，愛情更是如此。

人生難得有情人，不妨想想，當愛降臨身邊時，你是怎麼看待眼前的愛人，是心裡無悔付出，還是常別有所圖？

虛情假意的心任誰都能察覺，即使再遲鈍的人，在這方面還是超出想像的靈敏。心靈溝通是十分玄妙的，一點點心思不對，感覺便會走味，若非多數情人選擇睜一隻眼閉一隻眼，多少戀情早就分手切斷了。

只是信任不再，愛戀雖然仍能繼續，卻也是另一段辛苦愛情的開始啊！

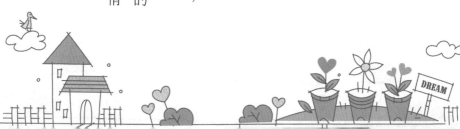

莎拉的姑媽有一個菱形的胸針，這只胸針十分普通，但她的姑媽不知道為什麼，無論穿什麼衣服都要將它佩帶在身上，讓喜歡胡思亂想的莎拉十分好奇：「一定有問題，我一定要找機會問清楚。」

這天，莎拉央求姑媽讓她看看這只胸針，只見姑媽小心翼翼地拆下，又說：「小心哪！別掉到地上了。」

「不過是一只普通胸針，我那兒有許多名牌胸針，要是妳喜歡，我全都送妳！」莎拉頗不以為然地說。

「不必了，這確實是一只普通胸針，不過它卻有著非凡的價值！妳不會懂的！」姑媽揮了揮手說。

莎拉一聽，又燃起好奇，連忙追問情況，姑媽便在莎拉苦苦央求下講出了這麼一段故事：

是它帶給我一段幸福愛情。那年我只有十九歲，他二十歲，當時他邀我一同到海邊旅行，由於必須在船上過夜，讓我有些為難，因為我不敢對父母說實話，不得不欺騙了他們。

在那保守的年代，海上只有我們兩個人，老實說，氣氛一直都有些沉悶，我們話不多，一開始是在岸邊休息，他生火，我幫忙煮湯，飯後散步，一樣沉默不語，唯一的互動，只有在他遞給我這一個胸針的時候。

最後，我們上了船，船上有兩間休息的房間，很像現在的快艇，他早在一個小房間裡幫我鋪好了床，互道晚安後，我們便分別回房間睡覺。

這時，我忽然想到，要不要上鎖？

要是上鎖，他便會聽見鎖門聲，如此一來，他便知道我在防備他，這樣不是太可笑太無知了？可是人心難測，不是嗎？

後來，我想到了一個方法，我悄悄地走到門邊，拆了一條鞋帶，再把它纏在門把上，繞了好幾圈後，便將他送給我的胸針插在上面。

如此一來，只要他一觸動手把，那胸針就會移動位置，當然那也意味著我們緣分將盡，不管當時我有多麼喜歡他！

不過，第二天我安安靜靜地取下了這只平凡胸針。正是它，將兩個人的心緊緊別在一塊！那個男孩不是別人，正是你的姑丈，我的丈夫，卡拉斯。

莎拉聽得萬分感動，忍不住上前擁抱姑媽：「姑媽，我祝您永遠幸福！」

細細品味著莎拉姑媽和莎拉姑丈的愛情故事，我們也明白，說愛得入火而放任情慾的理由始終是藉口，很多時候我們能忍而非不能忍。別忘了，爲了愛，多少人不是正努力在克制自己，好像故事中的小情侶。

一份簡單的信任便能維繫一輩子的幸福，在這速食化的現代愛情中已不多見了，看著小船上的平凡互動，不知道讓你有了多少省思和啓發？面對著心中認定的最愛，有多少人能坦誠、無疑，眞正由心中說出「我相信你」？

別因爲愛得太深刻，因爲過分在乎的心情而心生懷疑、擔心。都決定攜手共組一個家了，就不該讓猜忌懷疑滲入。一旦出現猜疑，兩個人的互動便會出現藉口。因爲缺乏信任，時時懷疑，其中一人便會頻頻出現試探動作，至於另一個人，爲了減少另一件胡思亂想，連小事也被逼得要支吾隱藏，於是各有所隱也各有所思，日子一久，心結不生也難。

簡單來說，既然如此愛他，就「相信他」吧！兩個人相處最難得的就是信任，人際關係是如此，愛情更是如此。

看著莎拉姑媽的往事回憶，其實這份克制與年代保守無關，展現的是兩個人的勇氣與理性。他們沒有「情不自禁」放縱自己，而是認真守護對彼此的一份「信任」。小小胸針藏著體貼愛人的心意，卻也襯托出一個深刻的理念：「愛不只要求付出，還要多一點坦白，一切都做到之後，只要再用信任兩個字，就能幸福牽手一輩子！」

肯定自己，才能放下不安

那些惡意或別有居心的批評指涉，何須放在心上念念不忘？只要轉念想一想，內心就不會因為偏差的念頭或人們的閒話感到困擾。

生活中，許多人最常做的事就是猜測別人的觀感，卻常常忽略了自己的想法，殊不知，等待別人的十句鼓勵，總不及自己給的肯定！

每個人都想得到別人的認同讚賞，但在此之前，別忘了必須要先給自己一個堅定的認同和肯定。

胖胖的米蓮娜雖然是位非常有名的專欄作家，但這個頭銜卻沒有讓她對自己充滿信心，她常自卑地對人們說：「我看起來好笨拙呀！」

有一天晚上，米蓮娜懷著忐忑不安的心參加一個大型婚會，就在門口，碰見了一位年輕貌美的女孩。

「妳也要進去嗎？」米蓮娜問這女孩。

「嗯，我有一點害怕，其實我在附近徘徊很久了，每次鼓起勇氣要走進去時，卻沒想到一走近門口，便又退縮了，唉，從小到大我都是這樣子。」女孩神情緊張地說。

米蓮娜看著長得比她漂亮許多的女孩，納悶地想著：「她長得那麼好看，不像我長得這副蠢樣，該煩惱的人應該是我啊！」

「其實，我也很害怕呀！」米蓮娜裝了個鬼臉，並坦白地對女孩說出心裡的話，女孩聽後忍不住笑了，米蓮娜聽見女孩的笑聲，也跟著尷尬地笑了出聲。兩個緊張大師也因爲這一笑，心情變得輕鬆起來了，不再那麼緊張。

她們相互給了對方一個勉勵的微笑，一齊走向那個人聲嘈雜的地方，米蓮

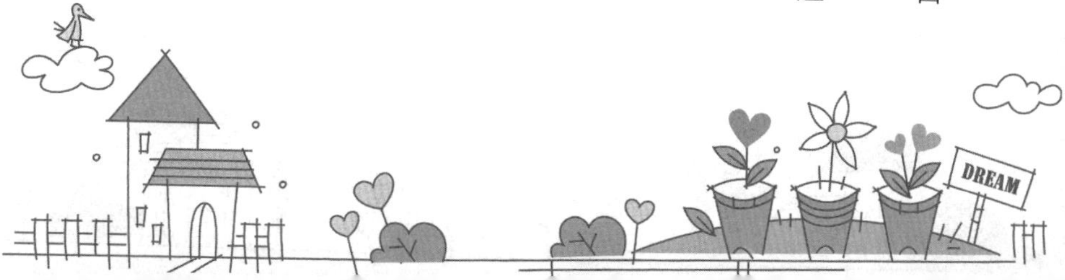

娜頻頻轉頭看看身邊的女孩：「妳沒事吧？」

女孩點了點頭，至於米蓮娜自己，因爲這個關照分心，不知不覺地也忘記緊張了，更忘記了人言八卦的顧慮，自在地和人們寒暄閒聊了起來。

回家時，米蓮娜和她的新朋友談起今天的感受，女孩主動問米蓮娜：「今晚妳感覺如何？」

「嗯，我覺得比過去的狀況好許多了，這種感覺實在是美妙極了。」米蓮娜開心地說。

「我也這麼覺得，我想那是因爲我們發現自己並不孤獨。」女孩笑著說。

聽見這句話時，米蓮娜心頭爲之一振：「是啊，我總覺得自己孤立，總以爲所有人都自信十足，唯獨我除外。但今天卻遇到一個和我同樣自卑的人，原來我們都被無謂的自我否定吞噬了而不自知。若換個角度想，會不會那些看來意志高昂且談笑風生的人，心中其實也是忐忑不安？」

爲了找到答案，米蓮娜決定從身邊的人調查起。

她第一個想知道答案的人正是報社的總編輯，這個總是粗魯無禮對待她的

總編，眞有那樣的自信和傲氣嗎？走進報館，米蓮娜深吸一口氣，接著便對著總編輯說：「道格拉斯先生，見到你眞高興！」

若照往例，米蓮娜都是一面把稿子丟在桌上，一面低聲地說：「我猜想你一定會不滿意，如果要改的話，那就麻煩你了。」

但這一次，米蓮娜改口說：「道格拉斯先生，我眞希望你會喜歡這篇稿，我知道，如果寫得不好，你的工作一定會加重，而且肯定非常吃力的。」

「是很吃力。」總編輯忽然嘆了口氣，那張常見的冷酷面孔忽然不見了。

米蓮娜發現眞的有了變化，於是悄悄地坐了下來，就在她坐正時，兩個人的目光同時交會，米蓮娜笑著看著眼前的恐怖總編，忽然間，她發現他並不咄咄逼人，還是個看起來性情溫和的男人。

再看看他的桌子上擺放著全家福照片，米蓮娜笑著問：「家人好不好？」

總編聽見米蓮娜的問候，露出了難得一見的微笑。就在那一刻，兩個人一直存在的芥蒂不見了，甚至話匣子一開，兩個人竟滔滔不絕地聊了好久好久。

從孤立自卑到開朗樂觀，你是否也感受到米蓮娜的快樂轉變？

生活中我們常受制於「個人想法」，所謂「個人」很多時候與別人無關，而是我們自己。人生的困和限，都是我們自己找來的，就像米蓮娜和那個女孩的遲疑腳步，就像米蓮娜和總編早先的互動情況。

「個人想法」其實只會禁錮自己的心而已。

再換個角度說，那些惡意或別有居心的批評指涉，只是突顯別人氣度不足且心胸狹隘，像這樣的耳語我們又何須在意？何須放在心上念念不忘？只要轉念想一想，時時關照自己心裡的快樂觀感，明白人言一時，自己卻要生活一世，內心就不會因爲偏差的念頭或人們的閒話感到困擾。

人際交流中，總有些距離遙遠的人，也總有能和我們心意相通，願意包容你我的人，我們只需珍惜後者，淡然看待前者，生活自然時時暢快。

內心踏實，才有生存的價值

唯有勇於正視生活的現實，不用「高人一等」的心情看待事情，才能真正享受生活的趣味，也才能真正肯定自己的價值。

世上能含著金湯匙出世的孩子其實不多，多數的富翁的財富都是靠自己努力而得來的。他們知道，雖然起步條件比別人差，但只要腳步踏實，努力積極，總有一天，他們會打造一把個人專屬的金湯匙。

這是多數成功者的態度，他們靠著自己的力量改寫人生歷程和結局，只因爲他們知道，與其羨慕他人在財寶堆中出生，還不如靠自己的力量換得一座金銀山來得踏實。

蘇丹王的兒子愛上了一個牧羊女，苦苦思念的他對父親說：「父王啊！我愛上了一個牧羊女，想和她結婚。我相信她會是個賢慧體貼的好妻子，更會是一位不可多得的好王妃！」

蘇丹王一聽，搖了搖頭說：「孩子，你是國王的兒子啊！我死後你就是國王了，怎能娶牧羊女呢？不行，這可不是你個人的事，而是國家大事！要是你眞娶了牧羊女爲妻，會被人們恥笑的。」

「笑就笑吧！我眞的很愛她，我就是要她做我的王妃！」王子堅定地說。

「唉，隨你吧！」蘇丹王很清楚這個兒子的個性，轉念一想，或者是天意，只好答應他了。

不久，使者來到牧羊女的家，並告訴她王子的心意，沒想到牧羊女卻問：

「國王的兒子有沒有一技之長？」

「他是王子，並不需要什麼一技之長，他本來就有人侍候著，未來他只要

知道怎麼管理國家就好，哪裡需要什麼一技之長？」使者頗不以爲然地說。

牧羊女搖了搖頭說：「對不起，麻煩您回去對他說，除非他有一技之長，不然我不會嫁給他。一個男人一點技能都沒有，怎麼能管理國家呢？」

使者將牧羊女的話告訴國王，國王一聽，不悅地對兒子說：「這就是你仰慕女孩嗎？還沒進門，要求就那麼多，現在你還想娶她嗎？」

王子堅定地點頭說：「放心好了，我會做出一雙漂亮草鞋給她看的！」

從此，王子天天都在學習怎麼編織草鞋，不久便學會了這個技能，順手就能編出一雙漂亮草鞋。使者帶著王子親手編織的草鞋去見牧羊女：「這些鞋子是王子親自編的！」

牧羊女看見鞋子，十分感動，便說：「好，我答應嫁給他了！」

只是兩個人的幸福時光不久，有一天王子獨自在街上散步時，不巧遇上了一群強盜，被捉進牢裡。

所幸強盜們並不知道王子的身分，暫時還沒有生命危險。轉念一想，王子對強盜說：「我們來個交易，我編草鞋讓你們拿去賣，如何？」

「好！」強盜立即找來材料讓他編製，三天內他完成三雙草鞋，然後他對強盜說：「你們把這三雙鞋子拿到宮廷外去兜售，相信我，單單一隻鞋就能賣得一百塊金子。」

「眞的？好好好！」強盜們聽完後，便匆忙地趕往宮廷外。

至於皇宮內，因爲王子已經失蹤很多天了，每個人都十分緊張擔憂，就在這個時候，聽說有人拿著草鞋在王宮外販售，王妃一聽，連忙叫人以高價將全部的鞋子都買回來。

一伙人仔細一看，這果眞是王子編製的草鞋，因爲上面他偷偷寫了幾行古文，那是求救的訊息，就這樣王子被救出來了。王子平安地回到父親和妻子的身邊，一看見愛妻，激動地說：「親愛的，謝謝妳！」

對牧羊女來說，再富裕的背景也不能有十指不沾陽春水的態度，畢竟世事難料，現實的人生難保什麼時候不會意外落魄，與其把握今天享受人生，不如

培養一份紮實的求生本事。

反之，心若是空虛的，就算現在可以靠著爵位、財物強裝偉大，但總有一天，還是會被自己擊倒！

簡單故事，帶出了深刻寓意。編織草鞋的功夫看似平凡，卻也深刻暗喻人生該有的態度：「我們都是平凡的人，外在功名利祿不過是附加的，內心踏不踏實，本事夠不夠紮實，一切只有自己知道，這也是我們生活的重要依靠。」

明白故事的深意之後，就好好面對生活中的一切。唯有勇於正視生活的現實，不用「高人一等」的心情看待事情，才能真正享受生活的趣味，也才能真正肯定自己的價值。

實踐，就能達成志願

別再讓自己，純羨慕，別人成功實現夢想，人類都已經準備在火星上尋找新的桃花源地了，我們還有什麼夢想不能實現呢？

你還記得小時候寫下的第一志願嗎？如今，你是否實現了當初的夢想？或許有人早已放棄，或許有人正在努力實現，然而不管有沒有實現，當你完成「夢想」的藍圖之後，必須清楚地知道一件事：「關於夢想，沒有人能逼我們放棄，也沒有人能阻礙我們實現的決心，因為，能不能實現和外在環境無關，全看我們自己！」

當你在規劃人生的藍圖時，不要在意別人脫口而出的批評，這些輕蔑和刻薄的話語，通常是毫無根據的。只要掌握自己的人生方向，明確定出自己的奮鬥目標，就沒有什麼難堪的話語會讓你將時間浪費在鬱卒上。

蒙提有座非常大的牧場，經常借給朋友們舉辦募款活動。

今天，牧場又有一場活動要舉辦了，這次主辦的友人力邀蒙提前來致詞，蒙提也開心地答應了。當蒙提站到講台上時，清了清嗓子，接著說：「今天我讓傑克借用這個牧場是有原因的，這和一個小男孩有關。」

蒙提擔心自己會說得太久，便看了看主辦人傑克，只見傑克站起來說：「我們就來聽聽牧場主人的故事吧！」

一陣掌聲響起，大家熱情地等待聆聽蒙提的故事。

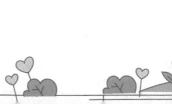

蒙提說：「那個男孩的父親是位馬術師，從小他便跟著父親東奔西跑，一會兒在馬廄餵養馬兒，一會兒在牧場訓練馬匹。由於過著四處奔波的生活，男孩的求學過程並不是很順利。初中時，有位老師要全班同學寫一篇文章，題目

是《我的志願》。」

蒙提停了下來，喝了口水，繼續說：「那天晚上，小男孩洋洋灑灑地寫了七張紙，仔細地描述著偉大的夢想，他想要建造一座屬於自己的牧馬場，他還認眞地畫了一張二百畝的農場設計圖，上面標示著馬廄、跑道……等等，最後，他還在這一片農場的中央，設計了一棟四千平方英尺的大宅院。他花了一整個晚上才完成這篇『作文』，第二天便開開心心地交給老師。然而，兩天之後，當他拿到作文時，看見第一頁被打了一個大『F』，旁邊還寫了一行字：『下課後來找老師。』當時，滿腦子相信夢想可以實現的小男孩，困惑地帶著作文本去找老師。」

蒙提看著一對對專注的眼神，忍不住停了一下，並製造一下氣氛。

蒙提問：「你們一定也很好奇吧！」

台下的聽衆很有默契地點了點頭，蒙提笑著說：「是啊，小男孩也不懂，所以他進辦公室便問老師：『這樣爲什麼會不及格？』老師回答：『你年紀這麼輕，就老是做白日夢，這怎麼行？你想一想，你家裡沒錢，又沒家庭背景，幾乎什麼好條件都沒有，怎麼可能蓋一座那麼大的農場？你知道那要花多少錢買地、買馬嗎？別好高鶩遠啊，孩子！』老師接著說：『如果你肯重寫過，寫一個別太離譜的志向，我會重新再幫你打分數。』小男孩回家後，反覆地想了好久，最後忍不住向父親說出心中的疑問，他的父親只對他說：『孩子，這是一個非常重要的決定，你必須自己拿定主意。』於是，小男孩再三考慮之後，決定要原稿交回，而且一個字也不改，交稿時他說：『即使是零分，我也不會放棄自己的夢想！』」

說完，蒙提便拿出一份稿子，對聽眾們說：「這就是初中時那份的作文，至今我仍然好好地保存著，而各位現在就坐在稿子中的二百畝農場上，那個四千平方英呎面積的華宅裡。」

蒙提看了台下的人，微笑著說：「去年夏天，故事中的老師帶了三十位學生來我的農場露營，離開前他說：『蒙提，我實在有些慚愧，初中時我曾經潑過你冷水，還好你有這份毅力，堅持實現自己的夢想，否則我便成了抹煞夢想的殺手，從今天起，我會給孩子更寬廣的視野與更熱情的支持。』我相信，未

來將有更多的夢想農場出現，你們說是不是呢？」

看到蒙提實現夢想，你心中的夢想翅膀是否也蠢蠢欲動？

每個人的心中都有一座夢想花園，然而這片花園能否結出美麗的花朵和累累的果實，有沒有辦法從腦海中的虛擬幻境，變成眞實存在的場景，端看造夢者如何去追夢了。

想實現夢想的人，很少會被外在環境侷限，當然也不會被年齡囿限，因爲對他們來說，人生不該有任何遺漏與遺憾，只要夢想的藍圖已經完成，他們就不會再等待，只要方向清楚了，心中的理想國度其實也已建設完成，一切只等著造夢者邁出步伐，走向夢想的國度。

你的夢想呢？是否也因爲別人的一句「妄想」，而封鎖在抽屜裡？

別再讓自己純羨慕別人成功實現夢想，人類都已經準備在火星上尋找新的桃花源地了，我們還有什麼夢想不能實現呢？

用熱情融化社會的無情

只要大家是熱情的，願意無私分享付出，再冷酷無情的人也會被你感化，並願意伸出手與你協力合作。

常聽見人們斥責社會人心的現實，然而在指責的同時，有多少人發現，自己不也經常帶著冷酷無情的臉出門？

不會有人喜歡冷漠的臉，更不會有人喜歡聽見冷言冷語。相對的，沒有人不喜歡溫暖熱情的人，與其要求或期待別人有此表現，何不自己先起身帶動？

世上多得是靠著個人的力量改寫一切的故事啊！

在印度，流傳著這麼一個美麗故事，那是關於一隻小松鼠的寓言。傳說，在某座森林裡的小動物生活十分快樂，茂密森林裡從未發生過什麼重大的災難，有的不過是物競天擇的生死安排。

有一天，老天爺不知道是哪根筋不對，想試一試動物們的危機應變能力，忽地從天上揮了一道閃電下來，電光擊中森林中最大的老樹，登時燃起熊熊大火。火勢一發不可收拾，火舌席捲了大片樹木枝葉，同時也威脅到所有動物們的生命安全。

動物們無不驚慌地向森林外倉皇奔逃，但這劫難躲得過嗎？看起來好像只要離開大火竄燒的林子就好，實則不然，因為不少猛獸正在林子外等著牠們出現啊！

這時，有隻小松鼠非但沒有逃開，反而奮不顧身地朝著大火方向衝去。只見牠往水塘裡一跳，將瘦小的身子完全沾濕，然後再衝進火場去，再拼了命地

抖落身上的水，牠居然想用這樣的方式滅火？

老天爺看了也動容，變成一個老人出現在牠面前：「孩子，你這樣做沒用吧！那麼一點力量，根本……」

已被樹枝烙印出三條焦痕的小松鼠，不管老人怎麼說，仍然用身體沾水、滅火。一來一往時，牠對著天神變成的老人說：「力量雖小，但我會盡力！也許作用不大，但畢竟會發揮一定的作用！或許這份執著能感動老天爺，等會祂便降下大雨，滅了這場大火也說不定！」

老人忽然大笑一聲，森林裡果真下起了大雨，大火也在一瞬間消失無蹤！

據說這就是印度三紋松鼠的由來，動人的「力量雖小仍然盡力」的堅持態度，想必讓不少人在感動之餘，不覺地慚愧了起來吧！

當多數人以忙碌爲藉口，懶得與人互動，人和人之間就變得越來越冷漠。當多數人因爲害怕惹事而習於退縮遠觀，社會環境也變得越來越無情，總要到

事情發生在自己身上時，才知道冷漠無情的可怕。

一個人的力量也是力量，群體力量是靠一個又一個人的力量累積而成的。個人的力量也許很小，但相互感染的力量卻是強大的；人情冷酷不代表不能被溫熱融化，只要大家是熱情的，願意無私分享付出，再冷酷無情的人也會被感化，並願意伸出手與大家協力合作。

下一次，當你再怨怪社會冷漠，憤怒人心現實之時，不妨先放下這類負面的心情，冷靜地想一想，當同樣的事情發生在自己身上時，自己是否願意伸手幫助？是否願意時時給社會多一點熱度？

只要答案是肯定的，你的怨懟、責怪自然會消失，因爲很快你便會發現，這小小的熱情心意，正悄悄地感染著每一個人，生活周遭的人情味也因著這份熱情而越來越濃烈。

7.

改變態度，就能跨出第一步

你的貴人就是你，你的救兵就是你，
只要你願意跨出第一步，
擺脫沉溺於失意落魄的心情，
一定能擺脫眼前的困境。

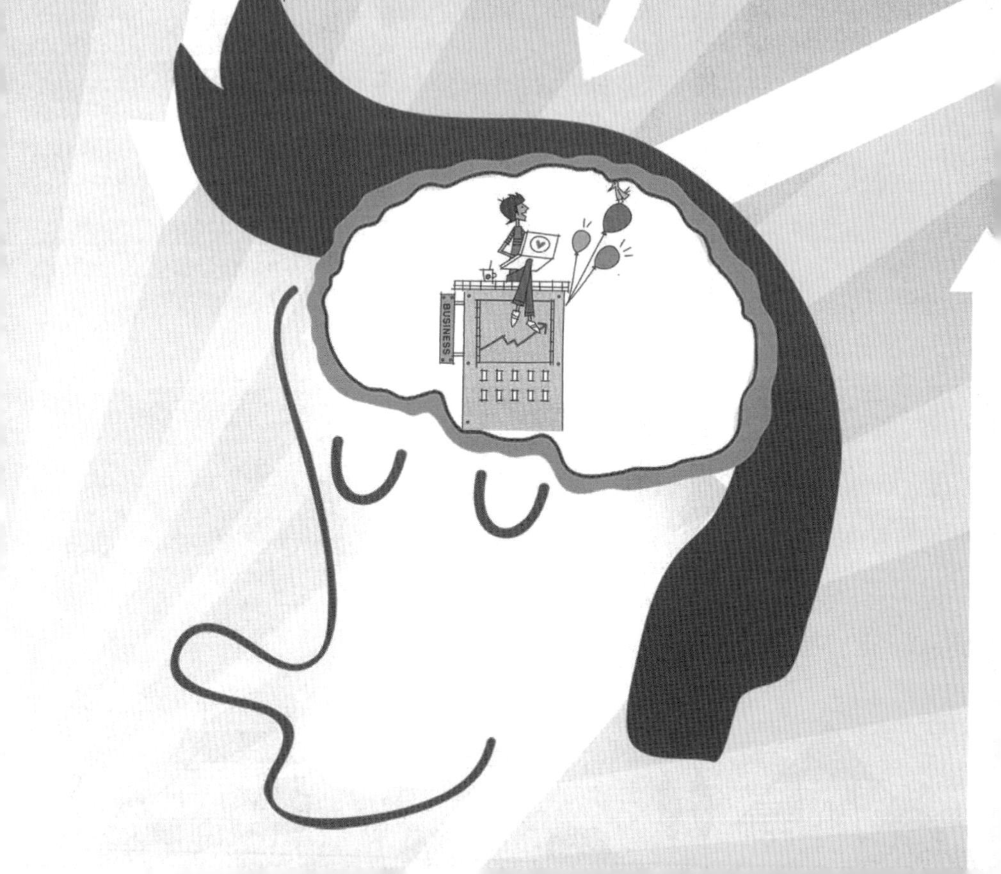

別用沮喪的心情處理事情

只要能重建面對未來的自信，自然能看見心中的陽光，不會因為一時低落的心情，做出影響人生的重大決定。

作家阿里斯曾說：「凡事三思而行，千萬不能感情用事。」

的確，做人最怕的莫過於用情緒來做決定，因爲，許多簡單事情，往往會在我們滲入情緒因素之後，變得棘手複雜。如果你想擁有一個簡單而又豐富的人生，那麼就千萬別讓自己的心情去決定事情。

消防隊員從火災現場救出一對孿生兄弟，他們的名字分別叫波恩和嘉林，是這次災難中幸運存活的兩個人。

他們很快被送往醫院，雖然死裡逃生，大火卻也把他們燒得面目全非，來探望的親友無不惋惜地說：「原本漂漂亮亮的兩個孩子，如今……唉！」

知道事實後，波恩整天對著醫生哭泣：「天哪！我變成這個模樣，以後怎麼出去見人？還不如死了算了？」

悲觀的波恩對生活完全失去信心，嘉林卻和他完全相反，努力地勸著波恩：「波恩，你仔細想想，這次大火只有我們得救啊！我們的生命不是更顯珍貴嗎？好好活下去吧！別胡思亂想了！」

嘉林勸波恩別胡思亂想，但波恩始終解不開心裡的結。身體康復出院後，波恩終於還是忍受不了世人的眼光，選擇結束自己的生命，離開人間，獨留嘉林一個人艱難地生存下去。

其實，嘉林並不如想像中堅強，但為了自己，也為生命的眞義，他咬緊牙關挺了過去：「是的，我的生命價值比誰都高！」

有一天，嘉林像往常一樣準備送貨到加州。這天下著大雨，路很滑，嘉林車子開得很慢，就在這個時候，他發現前方橋上站了一個人。

嘉林緊急煞車，下車趕到那個人的身邊，但是還沒來得及靠近，那個人便往下跳了。急於救人的嘉林想都沒想，也跟著跳下水，將那人救上岸。

被救起後，那個人哭喊著：「讓我走了吧！我不想活了……」

這個人瘋了似地大哭大叫，嘉林忍不住打了他一個巴掌，這個人才止住哭泣，默默地低下了頭。

嘉林拍了拍他的肩，半強迫地扶起他走向自己車內。回到車上，嘉林慢慢地安撫這個人，也耐心傾聽著他的心聲。

原來，他是某大公司的總經理，因爲遇到了一件難解的事，一時解不開，便想尋短。嘉林聽完他的故事後，便將自己的遭遇說給他聽，最終不忘分享他的體會：「生命是這樣珍貴啊！」

總經理點了點頭，看來心中的結是解開了，他十分感激嘉林的幫助，便邀嘉林與他一同共事。幾年之後，嘉林從一個積蓄不足萬元的小司機，忽然成爲

一個擁有三億元資產的運輸公司老闆，後來更用賺來的錢修整好他的臉。

不管遭遇什麼事情，都必須先處理自己的心情，再處理事情，千萬別讓心情影響自己所做的任何判斷或決定。

在面對人生最艱難的那一刻，除了再給自己一次機會，試著再跨一步看看之外，再也沒有其他的方法了，若是用沮喪的心情處理一切事情，只會帶給自己無窮無盡的悔恨。

就像嘉林引導那位總經理一樣，不必說太多道理，更不需要給太多安慰和指正，只需要提醒自己：「生命多麼可貴！」

這個道理很簡單，卻能發揮極大的力量，讓人冷靜下來仔細思索。

只要重建面對未來的自信和耐力，自然能看見心中的陽光，也看見自己一直持有的生命活力，不會因爲一時低落的心情，做出影響一生的重大決定。

用理智找出自己的價值

別為自己的平凡而心情沮喪，只要理智地看待自己，任何人都能找到屬於自己的、與眾不同的存在價值。

生活中，那些珍貴難得的事物確實不凡，但當眞擁有了難得的事物時，多少人的心眞的覺得踏實？

其實，眞正不平凡的東西常是身邊最平凡的事物，因爲這些才是累積並富足我們人生的珍寶。只要明白這個道理，自然會看清自己眞正想要的，生命便不會再有「後悔」的時候。

富商傑姆巴和他的朋友科爾一起來到某座城市，這天傑姆巴忽然對科爾說：「你知道嗎？這個城市曾經救過我的命，有一年我過境這座城市時，突然昏倒在路旁。這裡的人將我背到醫院，還請了醫術最高的醫生為我治好病。老實說，我一直都不知道是誰救了我，雖然財富不斷增加，但我真正想要的卻是好好答謝隱於這座城市裡的救命恩人！」

科爾點了點頭，問道：「嗯，那麼你準備為這座城市做些什麼？」

「我想把身上最珍貴的三顆寶石送給城裡最善良的人。」傑姆巴說。

為了完成目標，他們一同在這座城市裡住了下來，第二天傑姆巴在自家門口擺了個小攤子，桌上則放了三顆光彩奪目的寶石，寶石後方還寫了一張告示：「善良的人，我願意把這三顆珍貴寶石免費送給您。」

這招看起來應該頗具吸引力，但事實上人們經過時卻全都只回望了一眼，然後便匆匆離開。一整天下來，這三顆寶石始終無人問津。

兩天過去了，三天過去了，這三顆寶石依然被人們冷落在一旁，讓傑姆巴十分困惑：「免費的也不要？」

科爾一聽，笑著說：「讓我來試試看吧！」

只見科爾拿出一根稻草，並將它裝在一只精美的玻璃盒內，盒上還鋪了一塊紅色絨布，告示牌上則誇張地改寫成：「一根稻草，一萬美元。」

「新品」一推出，立即引來人們的關注和詢問，爭先恐後想了解這根稻草的來歷。這時科爾解釋道，這是某國王贈送的稻草，是王室傳家之寶，能爲擁有者帶來富貴的神奇魔力。

最終，這根稻草竟以六千美元賣出，科爾這麼對傑姆巴說：「對他們來說，這三顆寶石不過是哄小孩子用的東西，你表現它們的方式太過平凡，根本沒人會注意。這個實驗讓我們知道，人們對那些難以到手的東西最是垂涎心動，即便它只是一根稻草。」

「人們對那些難以到手的東西最是垂涎心動，就算只是根稻草！」這句話十分深刻地道出多數人的心理。說穿了，平凡人無時無刻不想求得非凡事物，試圖突顯自己的與衆不同或價値非凡。

我們都知道，平凡稻草比不上珍貴寶石，然而，卻也因爲前者平凡簡單，反而很容易被人們賦予不凡。

價値認定不過是源於我們的想像和認知。只要我們認爲自己是與衆不同的，不需要外物附加，自然而然便是與衆不同的人。一如無法言語的稻草，只要我們願意，它也能成爲一根擁有神奇魔力的法寶！

不要輕看那些簡單平凡的人事物，也不要小看自己的舉手之勞，生命價値跟著內在變化而改變，才得以讓平凡事物擁有無價的內在。

其實，多數難以到手的東西早在我們身邊，我們總到失去時才知道，原來自己從未好好把握擁有過的一切。別爲自己的平凡而心情沮喪，只要理智地看待自己，任何人都能找到屬於自己的、與衆不同的存在價値。

不要任由心情消磨你的生命

不要以一切事情都可以依靠自己的心情做決定，若是經過冷分析、理智處理，便會發現過去的自己有多可笑。

衡量一個人成功的標準就是在一個時光消費過程，從中贏得或創造了多少價值；這個曲線會清楚描繪出一個人的生命價值，也是你存在的證明。

時間就在你手上，要浪費或是珍惜都在於你的選擇，感覺浪費時，你對不起的人是你自己！

不論時間對你來說是多還少，沒有人會否定，時間其實是由自己支配的，但是明知道時間的支配權在手中，還是有許多人抱怨：「時間還眞難分配。」

其實，分配時間並沒那麼困難，會感到困難，是因爲我們習慣了任由自心情消磨自己的生命！

如果，你也和大數人一樣，常常覺得無法有效掌控時間，不妨聽聽下面故事中的教授怎麼說。

今天，小薇比平常早起，因爲她報名參加一位外籍講師的課。這是個來自新加坡的外國講師，知道外國人最講時間效率，所以即使早起仍然遲到的小薇，害羞地從後門走進去，悄悄地選了最後面一個位置坐下。

這位講師曾在美國、香港的一些著名企業擔任過主管，講課非常生動，有條理又有深度。

下課時，老師走下講台到她身邊，問道：「妳聽得懂嗎？剛剛我先講了企業管理三個部分，然後才開始講授關於企業結合案例，若是不懂，妳現在可以提出任何疑問。」

小薇聽了有些不好意思，以為老師不會注意她晚到，只見她怯怯地說：「對不起，路上塞車，我晚到了。」

「沒關係，妳不用向我道歉。真的，我的時間已經被妳購買，這時間由妳支配，我只要盡力為大家服務就好。」講師笑著說。

小薇看著他，開玩笑地說：「這太自由了吧！如果您能在這兒當老師，我敢說一定會是最受歡迎的人。」

「怎麼這麼說？這是很正常的觀念啊！我在新加坡長大，在美國求學，每個孩子都是自己選課、選講師，選課前我們還會去試聽所擇選講師的課，確定後再付足一學期的學費。平時上課，老師根本不管我們什麼時候去聽課，什麼時候，他們只管好自己的準備功夫，哪怕只有一個人來，也會認真地講課。對他們來說，時間已經被學生購買，就必須盡力講課，有好的服務精神，才會繼續被『購買』。」講師說。

第一次聽到這個時間觀念的小薇，聽得都呆了，因為這種說法，完全顛覆了她的傳統概念。

講師接著又補充說：「我到過一些大學，眞不明白爲什麼你們每次上課都點名簽到，有的學生不來上課還要裝病，或者請別的同學代爲簽名？大學並不是義務教育！是你們付費來學習的，老師講課的時間被你們購買了，你們遲到或不來，損失的人是你們自己，那就好像是到商店付錢買東西，最後卻沒把東西拿回家一樣，怎麼會是你們向商家道歉呢？」

這個「時間理論」不只小薇沒聽過，想必就連你我也未曾聽聞，當教授提出這個時間觀念時，你是否對人生時間也有了不同的觀想？

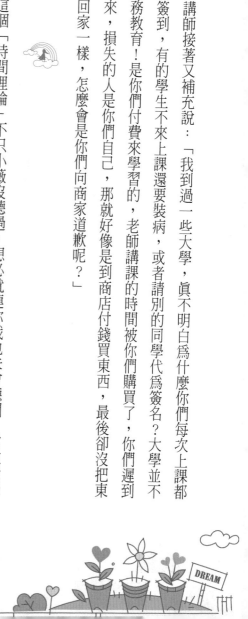

簡單來說，教授的時間觀念可以用兩個字來解釋，那便是「責任」，無論學生多寡，老師都會做足準備後再進教室，以示他對教育的責任心和執著；至於學生，應當明白時間是操控在自己手中，一分一秒都不能浪費，既然決定花錢進修，那麼不去上課眞正損失的不是教授，而是自己。

對於那些把學習視爲是老師的事，一切都事不關己的學生來說，這無疑是當頭棒喝。至於那些把進修看做薪資加碼、混時間拿證書的人，從教授的時間理論中，想必開始會有不同的想法。

不要以一切事情都可以依靠自己的心情做決定，若是經過冷靜分析、理智處理，便會發現過去的自己有多可笑。

不要任由心情消磨自己的生命，人生時間不多，決定了「購買」某個時段學習，便要認真用心地從中尋找收穫。

即便時間不多，但只要能認真學習，分秒不浪費，那麼在「潛移默化」的作用下，定會得到想像不到的收穫。

改變態度，就能跨出第一步

你的貴人就是你，你的救兵就是你，只要你願意跨出第一步，擺脫沉溺於失意落魄的心情，一定能擺脫眼前的困境。

成功的人往往懂得控制自己的心境；失敗的人則容易困在情緒的框框裡作繭自縛。面對不如己意的事情，最重要的其實是先處理好自己的心情，這將決定你最後是化阻力爲助力，抑或就此敗在惡劣的心情之下。

人要懂得克制浮躁的情緒，用理智面對事情，尤其是遭遇困境的時候，千萬不能任由沮喪的情緒擺佈。

遇上困難時，多數人都會期望得到別人幫忙，只是，得到再多人幫助，若

是自己不肯站起來，一切都枉然。

有位經理將畢生積蓄投資在一間小型製造廠中，不幸的是，那年恰巧遇上了世界大戰，根本無法取得工廠所需的原料，最終只得宣告破產。

從此，經理一蹶不振，不僅失去了鬥志，更自覺沒面子面對妻兒，於是離家出走，成爲街上流浪漢一員。他對於那些損失始終無法忘懷，每每一念及此，常常都會告訴自己：「不如死了算了。」

但是，他似乎頗得上天憐憫，在一次偶然機會中，撿到了一本名爲《創業者》的書。這本書帶給他全新的勇氣和希望，他決定找到這本書的作者，請作者幫助他再站起來。

不久，經理找到了作者，將自己的經歷述說一次，沒想到這位作者卻對他說：「好，我已經盡力聽完你的故事了，希望這樣對你會有些幫助。」

「就這樣？你不能幫我做點什麼事嗎？」經理問道。

「事實上，我沒有能力幫助你。」作者說。

以爲找到救兵的經理這下子慌了，腦子一片混亂，怎麼能再站起來？只見他的臉上變得一片蒼白，低下頭，喃喃地說：「完蛋了！」

作者看著他，跟著對他說：「我是眞的沒有辦法幫助你，不過，我可以介紹你去見一個人，他一定能幫助你東山再起。」

經理一聽，立刻跳了起來說：「眞的嗎？請快點帶我去見那個人吧！」

作者點了點頭，帶他來到一面極高大的鏡子面前，指著鏡子說：「我要介紹的人就是他，在這世界上，只有這個人能使你東山再起！你必須好好地認識他，否則你眞的只能跳河了。在你還不能充分認識他之前，無論是對你還是對這個世界來說，你始終都是個沒有價値的人。」

經理朝著鏡子走去，用手摸了摸長滿鬍鬚的臉，對鏡子裡的人從頭到腳打量了好幾分鐘，又後退了幾步，忽然低下頭，大哭了起來。

幾天後，作者在街上遇見了一個人和他打招呼，不禁問道：「你是？」

「你忘記我了嗎？我是那個流浪漢啊！」經理開心地說。

「你好，你看起來很好啊！」作者笑著說。

「是啊！這得要謝謝你，那天離開你辦公室時我還只是個流浪漢，但我從鏡子找回了自信，我已經找到一份月薪三千美元的工作。老闆還先預支了一些錢給我，要我回去好好安頓家人，我想，我的鬥志又找回來了。」

他還風趣地對作者說：「謝謝你，介紹那麼棒的『救兵』給我！」

你心中的救兵是誰呢？

是盼著老天爺幫忙，還是期待某個神秘貴人的出現？

朋友，你生命中的貴人正是你自己啊！幸運之神確實會出現，不過他只會在你突破困境時，在天邊給你一個燦爛的微笑。這個世界上沒有固定的成功法則，更沒有花俏的成功技巧，只有這麼一句平實卻也眞實的至理名言：「一切靠你自己！」

心情好壞將會決定你的成敗！一如故事中的男子，在人生灰暗時期，只顧鑽研生命的黑暗與困頓，將自己關在失敗的心牢中，卻不知道抬頭挺胸、重新站起來，一味用失落的情緒面問題，如此困厄不也是他自己帶來的嗎？

從流浪街頭轉身看見人生的新方向，流浪漢終於明白了「生命操之在我」的道理，那你呢？在人生困頓的此刻，是不是也願意調適自己的心情，給自己多一點力量和勇氣，幫助自己再站起來呢？

是的，你的貴人就是你，你的救兵就是你，最好的靠山也是你！

只要你願意跨出第一步，擺脫沉溺於失意落魄的心情，理智處理事情，一定能擺脫眼前的困境。

勇敢跨越困境，突破生命潛能

只要願意面對，願意親自體會，願意忽視怕冷的內心，再冷、再難的關卡一定都能慢慢適應，輕鬆地走過。

看見運動選手超越自己的那一刻，你是否也經常跟著他們激動不已？當選手們苦熬過每一個難關終至成功時，你是否也常不自覺地跟著感動鼓舞？是的，多數人都喜歡看生命怎麼挑戰極限、挑戰不可能，更喜歡看見人類如何突破困境和險境。

只是，當自己面對相似的難關時，又是否能像他們一樣戰勝膽怯，勇敢面對，積極突破呢？

風雪下得可眞大，鼻子被凍得紅通通的雷科巴老師匆匆走進教室。好不容易漸漸溫熱的教室，又因爲老師忽然開門，硬是被灌進了一股強大的冷風，風不僅強勢灌進了超低溫度，還順勢把牆壁上的世界地圖吹撥了下來。

這個冷風同時也挑起同學們一陣騷動，雷科巴先生則是一臉冷酷的模樣，看起來不像往常一樣溫和親切。

沒想到，就在這個時候，雷科巴先生忽然大聲地說：「同學們，請把書本闔上，我們到操場上去。」

同學們一聽，全都瞪大了眼睛，不約而同齊聲問：「爲什麼？」

「我們要到操場上站五分鐘。」雷科巴語氣堅定地說。

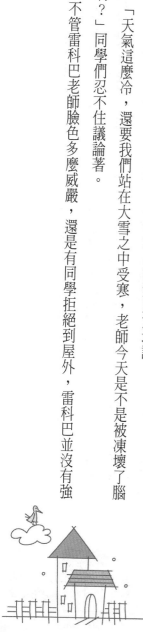

「天氣這麼冷，還要我們站在大雪之中受寒，老師今天是不是被凍壞了腦袋啊？」同學們忍不住議論著。

不管雷科巴老師臉色多麼威嚴，還是有同學拒絕到屋外，雷科巴並沒有強迫他們，只淡淡地說：「你們將失去一個最好的學習機會。」

包括雷科巴先生在內，一行人抖著身子走到操場上，外面滿是白雪覆蓋，就連籃球架上也輕輕地積了一行行小雪堆，屋外的雪沒有停的意思，小雪粒不斷打在大家的身上臉上，一個個學生被猶如刀割的冷風颳得哇哇大叫，有些人還不停地原地跳動著。

這時，有個女同學忽然往回跑，同學見狀，也跟著往教室的方向跑去。就在這個時候，雷科巴先生忽然跟著回頭，不過他卻是立定腳步，忽然脫去了保暖的羽絨外衣。

同學們一看，個個目瞪口呆，雷科巴先生又再次喊叫著：「快到操場，快去站好。」

同學們沒人敢再吭聲，一個個老實地到操場排好三列縱隊，規規矩矩地在操場上站立著不動。

五分鐘過去，雷科巴先生這才開口說話：「好了，解散。」

只是這聲解散後，卻不見同學們快跑回到教室，居然慢步往回走，原來，冷風已沒那麼具有威力了。

回到教室後，雷科巴先生笑著說：「剛剛到操場上磨練的人一定有不少心得。剛剛在教室時，大家不是都覺得自己敵不過這場風雪嗎？但事實上，讓你們在風雪中站半個小時，不也挺得住嗎？即使要你們只穿一件襯衫，一定也不會有問題的。孩子們，遇到困難時，大多數人總愛用放大鏡放大困難的程度，但只要我們願意面對困難，任何人都會發現，困難不過如此！」

那些乖乖走向風雪的學生們，聽見雷科巴先生這麼說之後，個個都用力地點頭贊成，其中一個男同學還補充說：「是啊！而且挺過之後，我覺得這氣溫一點也不冷呢！」

聽見最後一個男同學慶幸自己沒有縮在教室裡，而是能在風雪中學會面對嚴寒，你是否也覺得感動呢？

運動選手們經常以挑戰人類體能極限爲志，總以超越自己、超越前人紀錄

爲人生目標，表現出來的不僅僅是個人意志，更是要讓後人知道：「沒有人知道生命的最高限度在哪兒，我們只知道生命本身有個科學無法探測的無限潛能，為此我們必須更加積極地尋找生命的真正極限！」

雷科巴先生的機會教育，正是要同學們勇敢嘗試，因爲只要試過之後，自然而然地就會發現，原來每人適應溫度的能力比自己想像中還要來得好。這就像面對生活中的困難一般，只要願意面對，願意親自體會，願意忽視怕冷的內心，再冷、再難的關卡一定都能慢慢適應，輕鬆地走過。

機會到手，就要積極把握

錯過了就是錯過了，再多的懊悔也無用，機會是不等人的，抱著忐忑不安的心情猶豫不決，只會使它加速離去。

看見心儀的人時，你都會怎麼表現自己？是鼓起勇氣向對方表示心中的愛慕，還是躲得遠遠的，癡癡望著對方，然後讓自己苦心思念？

與其等待觀望，不如上前表示心意。即便被拒絕了又何妨？至少試過了，明白對方心裡沒你的位置，或是早有眞情人，那麼就可以回復理性，不再心存幻想，積極另覓屬於自己的眞正伴侶。

麥可在禮品店裡已經徘徊了快半個小時，想挑一份最能表達心中愛意的禮物給心儀的女孩。

「要怎麼挑選？要夠特別，她才會記住我，但又不能太俗氣，不然肯定會被她扣分的。」麥可苦惱地想著。

看著琳瑯滿目的時尚禮品，再看看那些讓人心驚膽跳的價格，這個囊中羞澀的男孩，最終還是豎起衣領尷尬地朝門外走出去。

「年輕人，買個草製小白兔吧，只要一元。」正當他苦悶萬分時，有位中年婦女朝著他走過來。

麥可看著婦人籃子裡的小白兔，那是用各種花布和橡皮筋紮成的，有著紅眼睛和紅嘴巴，模樣十分可愛。婦人還說，這花布裡包著泥土，兔子的耳朵裡則塞了不同的花草種籽。

「只要每天爲它澆水，大約半個月以後，種子就會發芽，並長出青草，那此青草就成了兔子的兩只耳朵，會很可愛喲，女孩們都很喜歡。」婦人像猜透了男孩的苦惱，一股勁兒地慫恿著他。

「好吧！請給我一個。」男孩帶著懷疑買下了這個據說會發芽的小白兔。

回到宿舍，麥可將草製小白兔放在窗台上，每天都十分用心地澆水，也向上天祈禱，希望點讓種籽發芽，早點讓兔子的耳朵長出青草。他總是這樣想像著，送給女孩這個充滿綠意又別緻的小東西，女孩會有多麼感動的神情，又如何地羞澀地對著他說：「我把心交給你了……」

每天，男孩都會準時爲小白兔澆水，甜蜜的想像裝滿了他這段等待時光，直到女孩生日的那天。

女孩的生日晚會上，追求者們紛紛送出禮物，其中有生日蛋糕，也有名牌時裝，更有芬芳的鮮花，當然更不乏貴公子送的昂貴首飾，女孩擺放禮物的桌上滿滿的東西，一個比一個昂貴特別。

那麥可呢？他當然也出現了，可是他卻空著雙手出現，因爲他的小白兔並沒有如預期中發芽。女孩滿懷期待地望著他，眼神似乎正透露著什麼，麥可似乎也感覺到了，但此刻的他只想一頭鑽進地下。

眼看著女孩拒絕一個又一個追求者的邀舞，麥可的頭也越來越低，甚至很害怕接觸到女孩的目光。在那堆豪華的禮物面前，他滿心慚愧，在歡笑聲中，他甚至沒有向女主角告別，隨便找了個藉口離開。

麥可氣惱地望著小白兔：「這是什麼鬼東西？根本是騙人的，以後不再幫你澆水了！」

期末考試接近中，麥可把全部心思投入在功課中，每天都把時間安排得非常緊湊，爲的當然是壓抑自己不再去想念女孩。他還暗暗發誓，將來有錢時，一定要爲她買件昂貴非凡的禮物。

這段期間他不再追蹤女孩的倩影，只想著要好好努力，有一天讓女孩知道他的本事。不久，學校放寒假了，大家開始收拾行囊，準備回家，就在這個時候，麥可突然發現窗戶那兒有片綠意，仔細一看，小白兔的頭上眞的長出了一片嫩綠青草！麥可這會兒竟慌了，又是興奮又是懊悔：「早知道就把東西交給她了，嗯，現在送她也不晚啊！」

是的，時間上確實未晚，只見他飛奔至女孩宿舍門口，但女孩早已離開了，朋友們對他說：「前天一放假，她就和男朋友走了。」

男朋友？這三個字像針一樣刺進他的心，難道初戀就這樣夭折了？

「你不知道瓊絲很欣賞你嗎？可是你在她生日宴會那天卻一點表示也沒有，而且還一臉冷酷的模樣，唉，你不知道她有多失望嗎？哪怕你只有一張卡片，她都會非常開心。」女孩友人說。

「這，真的嗎？我……」現在不管怎麼說都沒有用了，女孩身邊已經有了伴，他的小白兔這時才發芽，根本是在和他開玩笑啊！

「唉，早知道，生日那天就送給她，然後和她一起澆灌愛情的幼芽。」男孩嘆了口氣說。

錯過了就是錯過了，再多的懊悔也無用，此刻除了訓誡男孩，下一次要勇敢表白之外，不知道你還想給他什麼建議呢？

女孩離開了，代表著男孩不夠主動積極。有些事是不能等的，當下不行動，一旦錯過了想再回頭把握，恐怕便會像故事中的男孩般，眼睜睜看著女孩輕挽著另一個男人的手一去不回。

愛情是這樣，生活中許多事也是如此。男女情事未來充滿變數，難料兩個人最終會聚一起，生活中的許多機會不也是錯過了便要變樣？機會一旦錯失，想再挽回就不是件容易的事了。

機會是不等人的，抱著忐忑不安的心情猶豫不決，只會使它加速離去。不論做什麼事總得十分用心地做好準備了，總要積極一試，不然又怎麼知道可能的結果呢？

整理自己的情緒，便能看清心意

只要能夠揮別忐忑不安的心情，冷靜面對自己、妥善整理自己的思緒，便可以看清自己真正的心意。

愛人要有勇氣，更要有耐心，能夠輕易達成的始終不夠牢靠，一點一滴加溫，戀人們的愛情才能穩固且長久。

愛情就像種植花草一樣，少了一點耐心便草枯花謝，少了一點時間經營，下一秒熱戀情人便會成陌生人。

用多一點時間經營或等待，找一個眞正對的人，總比匆促找一個錯誤的伴耽誤一生來得有意義多了。

有個女孩暗戀一個男孩，但因為本身的矜持，讓她不知道該怎樣表達心中的愛意。就這樣，女孩任憑她的愛無限延伸，直到有一天，才終於決定向男孩告白，只是動作仍然有些含蓄。

第二天，男孩放學時，在書櫃裡發現一個透明小袋子，裡頭裝的是一小袋檸檬茶葉。男孩看了並沒有任何反應，隨手把茶包丟進垃圾桶，然後匆匆離開。從那天起，男孩每天都要扔掉一包檸檬茶，從未問過是誰送的。

有天早上，太陽才剛剛升起，男孩早早來到校園，在草地上看見一個女孩似乎很著急地在尋找什麼。

終於，女孩找到了不小心掉在地上的檸檬茶包，女孩擦了擦檸檬茶的表面，然後匆匆跑進了教室。男孩跟了過去，見她細心地把一袋檸檬茶放進一個透明袋子裡，然後再撕掉雙面膠布後將它黏在男孩的書櫃裡。

男孩看見了，還是沒有任何反應，放學時，還是悄悄地把它丟進垃圾桶，頭也不回地走了。

就這樣一天又一天，女孩不間斷地將一袋檸檬茶放進這個書櫃裡。

直到有一天，男孩不見那袋檸檬茶包。從那天起，他再也沒有收到女孩的茶包了，心裡有些悶悶的，臉上竟開始出現了愁容。

又過了幾天，男孩起了個大早來到學校，然而當他再次打開抽屜時，仍然不見那個「檸檬茶」。

男孩失望地看著窗外，忽然發現一個熟悉的身影，男孩急急地跟了過去，是那個「檸檬女孩」，那女孩看起來有些著急煩惱，只是去商店買東西又不是去搶，用得著這麼緊張嗎？

男孩跟近一看，見女孩買了一大包新的檸檬茶包，然後塞進她的書包裡。

女孩開心地走出店家，卻見男孩就站在門口，讓害羞的她看傻了，呆在那裡進退兩難。

至於男孩，則緩緩地朝著女孩方向走來，眼眶泛紅，哽著聲音說：「我發現原來檸檬茶的味道是最好的，這幾天我的心情很糟，現在我才明白，我已經，

習慣了妳的檸檬茶香……」

女孩傻傻地望著男孩，臉蛋有些泛紅，男孩仍繼續說：「這幾天，我很努力地尋找檸檬茶的出處，卻什麼都沒有發現，直到我來到這裡。」

經營愛的過程很奇妙，有些人總能耐心等待，但偏偏會遇上冷淡裝酷的對象；大方的人，有時雖能遇到大方對象，但望著他們熱情回應時卻又覺得欠缺誠意，矛盾愛情的說法便是這樣來的。

所以，常有人說：「多花一點時間仔細看，才不會找錯了目標。」

就如同故事中的男孩和女孩，看似不理睬的男孩，或許也是在等待著真正感覺的到來。他們從累積習慣進而成爲自然，其中過程雖然時間漫長，但若能因此而尋得眞心相愛的戀人，時間未嘗不是一等一的好媒人。

也正在單戀某個人的你，看著故事中男女主角從開始到迸出火花，是否也心動了？又是否也願意先放下焦慮心思，願意調整好心情，用時間來確定兩個

人是否是最合適的伴？

執著的女孩讓人心動，遲鈍的男孩讓人不禁莞爾。現實生活中要得如此單純簡單的愛戀並不難，最重要的是你自己怎麼看待愛人與被愛。

我們都曾用心等待美麗愛情，雖然不是每次都能得出好結果，但當茶香不再時，常常是我們領悟誰才是心中最愛的時候。

只要能夠揮別忐忑不安的心情，冷靜面對自己、妥善整理自己的思緒，便可以看清自己眞正的心意。

拒絕沉溺過去的情緒

不管今天是成功還是失敗，日子總會過去的，想突破失敗困頓，就一定要記住，積極樂觀地面向明天。

作家西里曾經寫道：「同樣一件事情，用不同的心情去面對，最後所得出來的結果，通常會大相逕庭。」

確實，心情是決定事情成功與否的重要關鍵，心境一旦改變，事情就會朝不一樣的面向發展。

人要過得自在，就必須讓時時擁有好心情，陷溺過去，不欣羨別人。

當多數人欣羨著他人的財富時，無疑正把無價的時間浪費在空想，殊不知，財富是需要靠時間來累積的，光是著急也無用。

事實上，擁有時間的人才是眞正富有的，僅擁有財富卻沒有時間的人是貧窮的，眞正能守住時間的不是財富，而是一顆充實的心。

在非洲，有一個名叫「時間」的富人，擁有數不盡的家禽牲口，擁有的土地更是無邊無際，倉庫裡的箱子、櫃子則塞滿了各式各樣的金銀財寶，穀倉裡也滿滿都是糧食。

當然，富翁的財富也吸引了不少人的好奇，特別是在這個多數人都是貧窮的地方，不少人從各地遠道而來，就爲了看一看這位傳說中的富翁，想聽聽他是怎麼賺得大筆財富，更想看看這個家財萬貫的人是怎麼生活的。

不同國家派遣使節到訪，找到富翁時，看見他正將牛、羊和金錢全都分派給窮人。大家了解情況後，無不感佩他的慷慨善心，甚至還感動地說：「如果沒有親眼見過時間富人，根本就是白活了。」就因爲如此，年年都有人到這個非洲部落尋找時間富翁的蹤跡。

又過了很多年，有一個部落也決定派使者去拜訪時間富人，臨行前，酋長對使者說：「到了時間富人居住的地方，一定要想盡辦法找到他，更要向他請教致富的方法，最重要的是要親眼證實他是否像傳說中那樣富有和慷慨。」

使者來到富人居住的城邦，就在城外，遇到了一個看起來瘦弱且衣著襤褸的老人。使者上前問他：「請問，這裡有沒有一位名叫時間的富翁？請您告訴我們，他住在哪兒好嗎？」

老人一聽，皺著眉頭喃喃道：「是的，時間富翁就住在這兒，他是這城裡的人，他是富有的人，人們都知道他是誰……」

望著這位眼神有些呆滯的老人家，使者只得進城去問其他人：「您好，我們要找一位時間富翁，聽說他是個傳奇人物，不知道您知不知道他在哪兒？可以告訴我們嗎？」

使者說這話時，剛剛在城外遇到的那位老人正巧從他們身邊走過，路人立即指著那個老人家：「他就是時間啊！你們要找的人就是他。」

使者轉身一看，卻是那個又瘦又老、衣衫不整的老乞丐，簡直不敢相信自己的眼睛，直問：「他眞是時間富人嗎？他就是傳說中的富人，不會吧？」

「不相信的話，你自己去問他。」路人不大高興地說。

使者不得已只好上前問老人家，沒想到得到的答案眞是：「是的，我就是時間，我確實曾是最富有的人，不過現在卻是全世界最貧窮的人了。」

使者嘆了口氣說：「人生確實難料，可是我是身負使命的，這要我回去怎麼向同胞說明呢？」

老人家想了想，說：「你就這麼對他們說，這個『時間』已經不像過去的那個『時間』了。」

時間總是會過去的，前塵往事無論是風光還是窘困，都僅止於當下一時，未來變數很大，富有的人不代表一輩子富有，若是揮霍無度，銀山金山仍會隨著時間消逝。

反之，一時的貧困並不代表一輩子都會如此困厄，只要能積極振作，能夠奮發向上，每分每秒都不隨意浪費，時間一定會一路支持著我們，讓我們直達成功的高峰。

看著時間老人的貧富感慨，或許我們應該用更積極的角度去揣想老人的話中含意，明白了昨天不管成功或失敗，都不代表今天依舊會如此。唯有放下陷溺於過去的心情，才能看見光明的未來。

時間老人的結果，無非就是要告訴著我們：「不管今天是成功還是失敗，日子總會過去的，想要持續保持成功光芒，想突破失敗困頓，就一定要記住，積極樂觀地面向明天，才是你我面對人生應有的態度。」

8.

別讓內心慾望主導人生方向

只要每分每秒都能執著認真，
不讓內心的慾望主導人生的方向，
任何片刻都將能寫下一份永恆且
卓越的人生成績單。

夢不難圓，只怕沒有決心實踐

許多人面對夢想時，心心念念的不是「夢想目標」而是「夢想難圓」，展開實際行動前，就抱著「失敗」的心態看待夢想。

十分崇拜林肯和華盛頓的勒格森．卡伊拉，經常對自己說：「我要靠自己探尋最佳的生活方式，然後取得讓人難以置信的成功！」

正因爲這份決心，讓他走出了不同的未來人生。

靠著雙腳拓展出寬廣視野的勒格森，是如何得此成就，或許透過下面這則故事便可得知，說不定從中能讓你有一番新的啓發。

勒格森．卡伊拉是個非常努力尋求改變，而且勇於面對挑戰的孩子。在他還只是個非洲小男孩時，和村裡的許多小朋友一樣，總認爲住在老家學習只是浪費時間而已，直到一位傳教士闖入了小勒格森的生活才有了轉變。

那位傳教士不只告訴他林肯和華盛頓的故事，還送給他兩本改變他一生命運的書，一是《聖經》，另一本是《天路歷程》，就是這兩本書點燃了他的希望夢想：「我一定會照著自己的方式去生活，我要像林肯一樣克服貧窮，克服困難，成爲一名偉大的人。」

一九五八年十月，勒格森帶著只夠五天的食物和那兩本書，以及一把防身用的小斧頭和毛毯，堅定地踏上他求學之路。但勒格森並不知道他要上哪所大學，更不知道有沒有大學會接納他。

從開羅走到美國有三千英里之遙，勒格森卻一點也不畏懼：「我一定要照自己的方式過生活！」

勒格森曾經因爲疲憊，幾度想放棄，但他最後都堅持走下去。只要一翻開那兩本書，讀著那些熟悉又激勵人心的字句，他的信心和堅強便會讓他再度恢復力量，支持著他繼續前行。

走了十五個月，近一千英里的路程，他終於走到了坎培拉，這時他的身體越發健壯，途中累積的經驗，讓他有了比同齡超過許多的智慧。

他在坎培拉待了六個月，這六個月他不只打工賺生活費，還把握時間到圖書館閱讀了大量的書。

當他找到一本圖文並茂的美國大學指南時，被其中的一張插圖深深吸引，那是座落在湛藍天空下的學府，名叫斯卡吉特峽谷學院。勒格森仔細地閱讀簡介，心中也越發堅定「非它莫屬」。

決心要達到目的的勒格森當然不會讓自己閒著，立即寫自薦信給該學院主任，仔細說明自己的情況，並積極向學院申請獎學金。但是再有信心，仍然擔心斯卡吉特會拒絕他，因而勒格森不厭其煩地一封又一封地寄出申請信件，積極爲自己爭取機會。

這份誠意與毅力確實迷人，主任還眞被這個年輕人的決心感動了，不僅接受了他的申請，還提供他一筆獎學金和一份工作。

一九六〇年十二月，歷經二年多的行程，勒格森．卡伊拉終於來到了斯卡吉特峽谷學院，捧著那兩本書，驕傲地跨進學院的大門。

畢業後，勒格森並沒有就此滿足，選擇繼續深造學習，最後，他成爲劍橋大學教授，同時也是一位人人敬重的作家。

因爲心中緊抱夢想，更堅決執著地要完成它，勒格森．卡伊拉終於如心中預想的，到達了心中盼望的天堂。

這個奇蹟般的力量不是天神賦予的，而是「決心」創造的。

或許有人要質疑，爲何神奇的決心能在勒格森身上大放光芒，偏偏在自己身上卻看不見呢？

原因很簡單，許多人面對夢想時，心心念念的不是「夢想目標」而是「夢

想難圓」，展開實際行動前，就抱著「失敗」的心態看待夢想。正因爲選取的角度不同，所以勒格森能，絕大多數人不能。

再回到故事中，仔細地看著勒格森累積的腳步，一步又一步，幾千幾萬里的路在他的決心下一步步走完，這種意志力又是多少人難以企及的？試想我們才走個幾百公尺就開始喊累了，又遑論要如何圓夢呢？

「夢想不難達成，只要你有決心，不輕易退縮，當你嚐盡苦頭時，將發現自己已不知不覺來到了夢想的彼岸。」這正是勒格森達成目標時眞正要與我們分享的感言。

冷靜保持智慧，才能找到機會

發現機會不難，難得的是你是否有敏銳的觀察力和判斷力。唯有放下哀痛的情緒，才能處理好迫在眉睫的困厄。

能用心觀察與學習的人，在別人跨一步時，他們已研究如何讓兩步併作一步的技巧，目的不是爲超越別人，只是爲了突破生活的極限。

你呢，是否知道怎麼突破生活的有限？

方法其實很簡單，只要自己充滿自信活力，培養足夠的機智膽識，人生路自然就能走得輕鬆自在，瀟灑寫意。

集中營裡，有個猶太人對他的兒子說：「孩子，我們什麼都沒有了，但還有智慧，記得，當別人說一加一等於二時，你要能想到大於二呀！」

集中營裡，約有五百三十六萬七千二百四十個人被毒死，唯獨這兩名父子奇蹟般存活了下來。

一九四六年，他們來到美國，在休士頓從事銅器生意，有一天，父親問兒子一磅銅的價格，兒子回答：「三十五美分。」

父親說：「對，全德州的人都知道每磅銅的價格是三十五美分，但身爲猶太人的兒子，應該說三．五美元。現在，試著把這一磅銅做成門把看看。」

二十年後，猶太父親辭世，由猶太兒子獨自經營這間銅器店，他謹記父親的教誨，進行多方嘗試，曾將銅器做過銅鼓或瑞士鐘錶上的簧片，甚至連奧運會的獎牌也試過。

當他把一磅銅做成昂貴招牌時，還以三千五百美元賣出，這時他已經是麥

考爾公司的董事長。

不過，眞正使他揚名立萬的是紐約州的一堆垃圾。一九七四年美國政府爲清理自由女神像翻新後的廢棄物，公開對外招標，請人幫忙處理，但是等了好久都沒有人投標。

當時，正在法國旅行的他聽說後，立即飛往紐約，然後沒有條件地當即就簽下約，扛起這件吃力不討好的工作，不少人笑他呆。但轉眼間，廢物成了寶貝，不禁讓人們看呆了。

他把廢料分類，將廢銅熔化，鑄成小自由女神像，餘下的木頭則加工成底座，其餘像是廢鉛、廢鋁則變成了鑰匙。甚至連女神身上掃下的灰塵，他都沒錯過，小心翼翼地將它包裝起來，然後賣給花店當盆栽材料使用。

只有三個月的時間，廢棄物便換得三百五十萬美元，特別是那些銅，一磅的價格整整翻了好幾倍。

發現機會不難，難得的是你是否有敏銳的觀察力和審時度勢的判斷力。對猶太兒子來說，能獲得成功是很平常的事，因爲死裡逃生的人，總是比一般人更明白「要好好活」，也懂得要「怎麼活」！

非常時代的意外與無奈，雖然造成了不少悲劇故事，但順利活下來的人們，總不忘積極改寫人生命運，因爲他們從生死關頭中學會了珍惜。

就好像那個猶太父親一般，當別人哭泣生命將逝的時候，他卻把握機會將智慧留給他的下一代，鼓勵孩子將悲傷的心情暫時放在一旁。

爲當下努力而活才是最重要的，唯有放下哀痛的情緒，才能處理好迫在眉睫的困厄。猶太父親想告訴自己的孩子是：「生命一定會有奇蹟，只要你能看得見生命智慧。」

是的，生活奇蹟便是靠著人類智慧成就而得，無論市場的銅價值如何，終究是由人們訂定的，相對的，握在你我手中的事物，全看你我怎麼賦予新義，並爲它們加碼增添價值。

想要揚名立萬不難，希望有一天名揚四海也非難事，重要的是你是否有創

造的決心，又是否能不在乎世人的異樣眼光和嘲笑，能執著專注於心意已決的目標，要求自己全力衝刺。

「積極生活是我們應該抱持的生活態度，發現機會之時，要審慎評估，並大膽嘗試、一加一會大於二，是因為兩個一相加的同時，還加上無法估計的智慧！」這便是猶太兒子累積父親和自己學習而得的智慧結果，聰明的你，是否已從中得到了另一番新啓發呢？

別讓內心慾望主導人生方向

只要每分每秒都能執著認真，不讓內心的慾望主導人生的方向，任何片刻都能寫下一份永恆且卓越的人生成績單。

從出生開始，每一個生命都是靠自己的力量長大，再艱困的難關，只要願意保持樂觀心情，就一定能熬過、走過。

別問別人能給我們多少幫助，要問自己能給自己多少支持和突破的決心。人生的路程得靠自己前進，再多的外力支持也比不上我們雙手支撐的力量。

上帝忽然想到人間走走，途中遇到一個正在鑽研人生問題的智者。上帝看著想到發呆的智者，走近他身邊問道：「朋友，我也正爲人生感到困惑，要不要一塊兒來思考討論呢？」

智者一看，正要問他是誰時，上帝又說：「只是單純地討論問題，聊完了我們就分手了。」

智者點了點頭說：「好，我明白了。我總覺得人類是很奇怪的動物，時而非常理智，時而做出極不理性的行爲，特別是常在大方向中迷失。」

上帝嘆了口氣說：「我也有同感，人們很容易厭倦童年，急著長大，但長大後卻又渴望返老還童；健康時不肯好好珍惜健康，總愛用健康來換取財富，最後才又逼著自己放棄財富去換取健康；說到未來，一個比一個還要焦慮，但對於當下，卻沒有一個人肯好好面對。結論是，人們既沒有好好生活在當下，也沒有認眞看待未來生活；活著時好像永遠不會死，但瀕死時個個卻又好像從來沒活過一樣，什麼人生如夢……」

「研究人生的問題，的確是件耗費時間的事，不知道您是怎麼利用時間的

呢？」智者問。

「時間？我的時間是永恆的，只要人們對時間有了眞正透徹的了解，自然會懂得什麼是人生。時間包含著機遇、規律和人間的一切，好像新生命、新經驗和新智慧，人生有許多非常重要的東西等待我們自己去開發。」上帝說。

智者靜靜地聆聽上帝的每一句話，上帝卻不再開口，只是拿起手中的書，指著書上的幾行字給智者看：

人啊，你應該知道，不可能取悅於所有人；

人生，最重要的不是擁有什麼，而是去做什麼；

富有，不是要擁有很多，而是要讓貪慾少一些；

要深度傷害一個人只要幾秒鐘，但治療它卻要用很長很長的時間；

別忘了，有人會深深地愛著你，但他們常常不知道要如何表達心中的愛；

唯一金錢不能買到，卻能讓你免費擁有的珍寶，是幸福；

寬恕別人和得到別人的寬恕是不夠的，你還要能寬恕自己；

每個人都愛玫瑰，但喜歡它不是非得把它那扎人的刺除掉不可，你要學會不被它的刺傷到，還要能小心呵護它無傷；

最重要的是，很多事錯過了就不再，但錯過了，事情便會出現改變。

智者看完了這些文字，說：「這根本只有上帝才能……」

智者話還沒說完，才發現書捧在他手中，眼前那個人已經不見了。

忽然，從天上傳來一個聲音：「對每個生命來說，最重要的是，只有自己才是自己的上帝。」

聽見「只有自己才是自己的上帝」時，你的心是否也爲之一振？

不爲取悅他人而爲，生活的定義無非就是我們要做該做的事，讓日子少一點慾望，這些都是我們日常中最常思考的事。接下來的愛與寬恕，認眞珍惜，更是我們經常期勉自己要做到的生活態度！

那些事不是只有上帝才做得到，只要我們願意，這一切都是我們做得到的，所以上帝在寓言故事中傳達如此旨意：「你就是自己的主宰！」

無論迷失與否，也不管生活過得多麼荒唐紛亂，這一切都是我們自己親手完成的成績單。

我們應當用心生活，不輕易錯過任何機會，如果錯過了，也要更加勇敢向前。世事隨時都在變化，只要每分每秒都能執著認眞，不讓內心的慾望主導人生的方向，任何片刻都能寫下一份永恆且卓越的人生成績單。

不要用僥倖的心情處理事情

自己的實力是否充備，要有一定的認識，知道不足，便要先積極自我充實，不要用一時僥倖的心情處理事情。

習慣誇大自己才能的人，常常要面臨謊言被戳破的尷尬難堪場面。因此，人前人後，有幾分功力說幾分話，不必要的油醋千萬別亂加，免得著了火，到時想滅都滅不了。

其實，能力和經驗是累積出來的，不怕自己有所欠缺，就怕明明不懂卻偏偏裝高手，自知實力不足之時就謙卑以對，不要抱怨別人不給自己機會！

知道功力還差三分，就好好把那三分充實起來。眼前機會雖然不等人，但

待實力累積夠了，也有十分自信迎接各項挑戰時，更好的機會勢必會源源不絕地迎面而來。

有個年輕人拿著自己的履歷來到一間科技公司，客氣地向櫃台人員說：「我要應徵工作。」

事實上，公司並沒有刊登廣告要招募新人，但櫃台小姐聽見後，還以爲公司眞要招聘新人，因而撥了電話向人事經理報告。經理了解情況後，又以爲可能是總經理親近的人，於是再撥了電話向總經理詢問，沒想到了解情況後，得到的結果卻是公司根本沒有要聘新人。

「還是讓他上來，看看他到底有什麼本事。」這個主動大膽的年輕人挑起了總經理的好奇心，決定破例讓他試一試。

只是當他們開始與這個年輕人面談後，卻大失所望，因爲他表現得實在很糟糕，不只對公司概念模糊，就連基本的英語會話也說得七零八落。經理忍不

住揮了揮手，說道：「好了，你可以回去了。」

「對不起，我有些緊張，也確實還沒準備好，請再給我一次機會。」年輕人尷尬地說。

「那就等你準備好了再來吧！」總經理不耐煩地說。

一個星期後，年輕人真的再次走進科技公司的大門，但這次他依舊沒有成功過關，不過經理倒是發現，比起第一次，他的表現好許多了。

不過，總經理仍然這麼回答：「等你準備好了再來。」

就這樣，年輕人先後走進公司大門五次，最後終於被錄用了，甚至還成為該公司接下來重點培植的員工之一。

故事中的年輕人看起來頗讓人敬佩，但事實上真要讓人感到敬佩的，卻不是一再嘗試的年輕人，而是大方惜才而且願意給年輕人那麼多次機會的總經理。

因為，即便年輕人膽量十足，但明知準備不夠充分卻還匆匆上陣的態度，確實

有著必須檢討的空間。

設身處地想想，如果是你，相同的機會你會怎麼把握？是同樣帶著不到五成功夫就急著去爭取機會，還是會預先加滿了油後再以十分的自信向對方爭取？

現實社會中，面試官不會有太多耐心，他們不會奢望搞不清楚自身實力的新人肩負起多麼重要的責任或機會。

聰明人有十分把握才做十分事，把每一次機會都握在手中。自己的實力是否充備，要有一定的認識，知道不足，便要先積極自我充實，不要用一時僥倖的心情處理事情。

既然下定決心設定自己的人生目標，更要紮實補強能力，才能帶著不凡的信心，向既定的夢想目標前進。

克制享樂心情，才能處理好事情

要拒絕誘惑，時時對自己的貪婪慾望、享樂心情說「不」，克制無謂的消費慾念，自然能早早擺脫月光族之林。

「卡奴」和「月光族」是現代社會的新名詞，若以過去常用的詞彙解釋，其實代表著「慾望」。

不是嗎？若非貪戀一時的慾望享樂，手中的卡片又怎麼會刷爆一張又一張？若非貪圖奢華，日常開支又怎麼會老是透支呢？

生活掌握在自己手中，不必要的消費動作必須加以克制，別說這事很難，只要有決心，克制慾望絕對比想像中容易簡單。

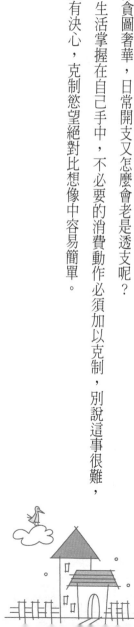

佩佩剛成爲大學新鮮人，家裡每個月都會給她一萬元當生活費。對一個學生來說，一萬元理應夠用了，可是佩佩還是覺得手頭很緊，因爲只要同學們邀她參加聚會，她就一定會參加，拒絕的話讓他覺得很沒面子。

她常常毫不遲疑就說「好」，就算月底財務吃緊，還是會點頭說「好」，然後跟著朋友們到處吃吃喝喝，胡亂消費。

有一天，姨媽來找她，要她陪伴吃飯，但此刻的佩佩口袋裡只剩二千一百元，心想還得靠這僅存的二千塊活到下個星期呢：「這可怎麼辦？算了，還是去吧！怎麼說都是姨媽呀！」

佩佩知道有間合適的自助餐廳，在那兒她們一個人只要五十塊就能吃得飽，這樣一來，她就可以勉強靠那二千塊撐到月底。

見面時，姨媽先問：「到哪兒好呢？午餐我吃得少，太多了可吃不完。」

佩佩點了點頭，帶著姨媽往自助餐店走去，但就在接近時，姨媽突然指著

對街的「義式家常菜」說：「那家看起來很不錯，我們到去看看吧！」佩佩一看，心涼了一半，那家店價格可不便宜呀！但她還是說：「好。」

「總不好跟姨媽說我的錢不夠，那兒太貴了，改天再去吧！那裡的東西確實好吃，唉，算了，還好今天錢都帶出來了。」佩佩安撫著自己，至於明天之後，她不敢再想下去了。

服務生拿出菜單，佩佩點了最便宜的餐點，只要一百五十元，至於姨媽點的則是偏貴的一道，要五百四十元，佩佩這會兒心中盤算著剩下的錢：「唉，只剩一千四百一十元了。」

「還需要什麼嗎？」服務生問。

「對了，我們這裡有道招牌菜，叫啤酒鴨，您要不要試試？」

「好，來一盤試試，聽說很美味，佩佩，妳要不要來一些？」姨媽問。

這下，佩佩心裡有點慌了：「如此一來，不就只剩一千六十塊了嗎？那未來一個星期，我要喝西北風啊！」

心裡雖然慌，但佩佩還是沒有拒絕，仍然點了點頭說：「好！」

跟著，服務生很好心地又來推薦所謂的招牌蛋糕和招牌咖啡，聽得佩佩頭都昏了，最後服務生又端來一些免費招待的水果，只見佩佩大口大口地吃著，直到服務生把帳單送來：「二千一，謝謝！」

佩佩拿出二千一，然後尷尬地看著姨媽。

「口袋裡的錢都掏光啦！這是妳全部的錢？」姨媽問道。

「嗯！」佩佩點了點頭。

「妳要請我嗎？但這是妳僅有的生活費，不是嗎？」姨媽開心之餘，仍然關心地問她。

「嗯，沒關係的，姨媽，只要您高興就好了。」佩佩說。

「佩佩，妳是學語言學的吧？」姨媽問。

「是。」佩佩說。

「好，讓我考考妳，妳知道所有的語言當中，哪個字最難念？」姨媽問。

佩佩搖了搖頭，說：「我不知道耶！」

「是『不』啊！妳得學會說『不』，知道嗎？我早猜到妳月底肯定又口袋

吃緊了，姨媽是想給妳一個教訓，故意不停地點最貴的東西，並注意著妳的表情，可憐的孩子！」她付完帳後，還給了佩佩二千塊當生活費。

「不是所有交際應酬都必須參加，妳現在還只是個學生，凡事要懂得量力而爲啊！生活開銷更要有規劃和計劃，明白嗎？」

姨媽再次叮嚀了佩佩，佩佩則點了點頭，說：「我明白，姨媽。」

在這個「月光族」衆多的社會中，佩佩的情況想必讓不少人心有戚戚焉，甚至怨嘆不已，只是那麼多的嘆息和埋怨，眞要責怪的人還是自己！

說害怕朋友不再理睬只是藉口，煩惱面子掛不住更是存心推諉，簡單歸納原因，大多數的月光族說穿了，都是因爲過度的享樂主義！

他們一次幾千塊、幾萬塊地消費，總說是要好好犒賞自己的辛苦生活，可是最終得出的結果，卻是更加辛苦的還債生活，貪圖一時的快樂享受，顧前不顧後，這般慘況實在怨不得人。

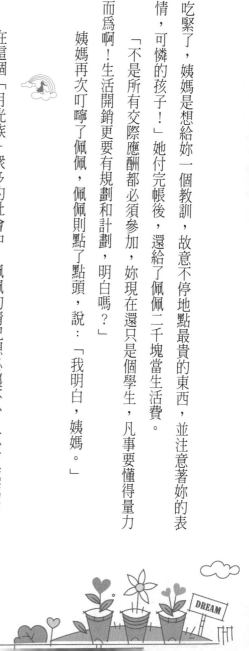

心力交瘁地背負著「卡奴」之名，能怪銀行刻意誘惑？

當然不行了，要怪也得怪自己任由無盡的慾望指揮，只顧眼前狂歡狂喜，卻忘記思考明天恐怕要樂極生悲！

佩佩姨媽強調「不」字，不只教導佩佩要開源節流，更要懂得掌握自己的生活方向，而不是一味地配合著朋友腳步卻忘了自己的步伐。姨媽還教導了我們一件事：「生活中，要拒絕誘惑，時時對著自己的貪婪慾望、享樂心情說『不』，克制無謂的消費慾念，自然能早早擺脫月光族之林。」

誇大的心境容易使人陷入窘境

只要自覺累積不夠，就回頭先好好充實自己。抱著自以為是的心態處理事情，只會使自己陷入窘境。

爲了爭取機會，有的人會故意誇大自己的能力，然而，是否能表現出十足自信卻又是另一回事。畢竟，滿口謊言的人自然擔心謊話被發現，更擔心著別人進行測驗。

日常生活和工作場合中，我們不難發現，這一類總是誇口說大話的人眼神必然飄忽，甚至坐立難安，心慌得想要遁逃了。

有家著名的國際貿易公司正在招聘業務人員，應徵者中有位年輕人的條件極佳，畢業於某所著名的大學，又有三年的相關工作經驗。當他出現時，整張臉充滿了自信。

「請問，本公司的主要業務是做什麼的？」主考官問道。

年輕人說：「蔬菜進出口。」

「蔬菜呀，那能不能請你說一說，對業務人員來說，到底是產品重要，還是客戶重要？」主考官又問。

年輕人想了想，回答說：「當然是客戶重要了。」

主考官點了點頭，又問：「好，你也累積了三年的經驗，應該知道新鮮蔬菜的特性。這些蔬菜中，菠菜出口的主要對象是日本，據了解，以前的銷售情況很好，可是近幾年銷售成績卻不理想，對此你有什麼看法？」

年輕人頓了一下，只說：「因爲菜不好。」

「爲什麼不好呢？」主考官問。

年輕人又頓了一下說：「嗯，就是品質不好。」

主考官看了看他，問道：「你從沒去過產地吧？」

年輕人看著主考官，沉默了幾秒鐘，沒說是或不是，卻反問他：「你怎麼知道我沒去過？」

主考官笑著說：「如果你去過，就應該知道爲什麼菜不好。一般人都知道，蔬菜採收的最佳時間只有十天，這段期間內的菠菜鮮嫩好吃，太早了不行，晚了一天就變老了。要保持鮮度，採收後要將菜攤開放在地上晾一天，第二天得翻身，然後再晾一天，等水分蒸發乾後才能把菜裝箱。不過，據我了解，當地農民爲了多採多賣，把蔬菜全採回家，卻又等不及自然晾乾，將菜放在熱炕上烘，儘管只烘兩個小時，但也把菜的滋味全烘不見了。雖然經過加工處理讓菠菜的外表上看起來一樣，可是其中口感已經天差地別了呀！」

年輕人尷尬地說：「我沒有去過產地，所以不知道你說的這些事。」

年輕人低著頭走出公司大樓，原本有希望入選的他，最後沒有被錄取。當然他自己也知道，他們是不可能錄取像他這樣一個在外貿公司工作三年，整天只會陪客戶吃飯，卻沒下半點功夫，毫無專業可言的業務人員。

看著年輕人失去機會，不知道是否讓不少人也心驚膽顫起來？看看四周，很多人不也像年輕人一樣，才會一點皮毛便強裝無所不知，四處誇耀自己與某某名人有多熟，總是忘了謊言被戳破時的尷尬與難堪。

沒有人是萬能的，即便某個領域非常專精的人，也不敢說自己無所不能，因爲學習無涯，我們始終有學習不完的東西。

因此，我們時時要以謙卑的態度面對人事，若抱著自以爲是的心態處理事情，只會使自己陷入窘境。如果自覺累積不夠，就回頭先好好充實自己，若自知專業能力不足，從現在開始便要認眞學習，才能保障自己在最佳機會出現時，能一手把握，絕不錯過。

只要願意面對，便能把握住機會

成功者沒有絕對的條件，只要放下自怨自艾的心態，踏實也務實地規劃未來，無論在任何領域中，都能把握機會。

認眞執著是生活的首要條件，踏實用心是成功的不二秘訣，每個人都會遇到各種人生考驗，無論其中過程如何艱難，最後總要走過。

面對問題時，遇上難題時，除了勇敢迎向它外，就是認眞執著且踏實用心地面對它，走過它。

在某個貧窮村莊裡，有兩個兄弟相依爲命。這天，十六歲的哥哥帶著十四歲的弟弟到附近的碼頭找工作機會，就算只是幫有錢人提袋子的機會也好，無論如何都得先賺個幾塊錢，別讓肚子空著。

兄弟倆在碼頭轉了一整天，一點收穫也沒有，眼看天要黑了，哥哥抱著弟弟忍不住哭了起來，就在這個時候，有艘大船靠岸，兩兄弟像是看見希望一樣，急忙上前探尋。

然而，當他們打聽清楚以後，才知道這是一艘販賣人口的船，哥哥連忙拖著弟弟急忙跑開。但餓了那麼多天，他們連走路都有問題了，更別說跑步，一下工夫，兩個瘦弱的小伙子便被一名壯漢硬拖上船。

就這樣，小兄弟成了人口販子的奴隸，跟著船四處流浪，哥哥最後被賣到較富庶的芝加哥，弟弟卻被賣到貧窮的東南亞某處。

哥哥遇上一個白白胖胖的孤寡老頭，每天幫這個老人家煮飯、洗衣服，雖然忙碌，但總算衣食無缺。直到三年後老人死去，他才被其他家人趕到街上。

好在，工作認眞負責、做人老實的哥哥，很快地便找到一間小飯店的工作。他什麼事都肯做，讓飯店主管非常肯定，發展也越來越順暢。

幾十年過去，哥哥腳踏實地，處世極爲謙虛誠懇，娶妻生子後，總不忘記告訴孩子：「你們雖然讀了很多書，但做事一定要實實在在的，不可好高騖遠，安安分分做好每件事才是最重要的。」

抱持著務實的觀念，哥哥成爲芝加哥僑界最具聲望的領導人物，開了兩間餐館、兩間洗衣店和一間雜貨舖，而且子孫滿堂，一個個也成就非凡。

至於讓哥哥牽腸掛肚的弟弟，其實過得也不錯。被賣到落後國度的弟弟，到了一個橡膠園當廉價勞工。

聰明的他得到不少人的肯定，其中一個人，便是橡膠園園主的寶貝女兒，經過一番競爭，弟弟不僅贏得芳心，同時也獲得了園主的肯定。

當了乘龍快婿的他，得到岳丈的支持，開始積極求學，大學畢業後，大膽地投入房產業。幾年之後，他擁有的資金快速成長，接著開始涉足金融業，不斷地收購、擴張企業，生意越做越大。

這個弟弟後來成了出色的銀行家，也繼承了岳父的產業，一九八八年，失

散四十多年的兄弟碰巧在返鄉尋根的時候找到了彼此，這時的他們再也不是當年的貧苦小兄弟。

所有的苦難都會過去，只要願意面對，就可以從中到機會。

小螺絲釘也有大作用，好的角色不在於是否光芒四射，而在於是否淋漓盡致地演出！就像戲劇裡的配角，雖然戲份不重，但好的配角總是最能吸引觀衆的注意。弟弟的成功確實讓人佩服。論膽量，哥哥確實比不上他，但若論思考的周延，對人事物的謙和，又屬哥哥最爲人敬重。

我們大可依自己的個性與特質，選擇喜好的角色來學習，只要能充分發揮所長，只要能各自發現自己的價值，在廢棄物堆中也能得出一番成就。

英雄不論出身高低，成功者沒有絕對的條件，只要放下自怨自艾的心態，踏實也務實地規劃未來，無論在任何領域中，都能把握機會，都會是最具特色也最出色的主角。

9.

何必刻意刺激別人的情緒？

我們無須因為心中生疑，
而刻意去挑動人們的情緒；
故意煽動對方，
並不會讓你確實看見他的真面目，
只會讓你的人際關係倒退一步。

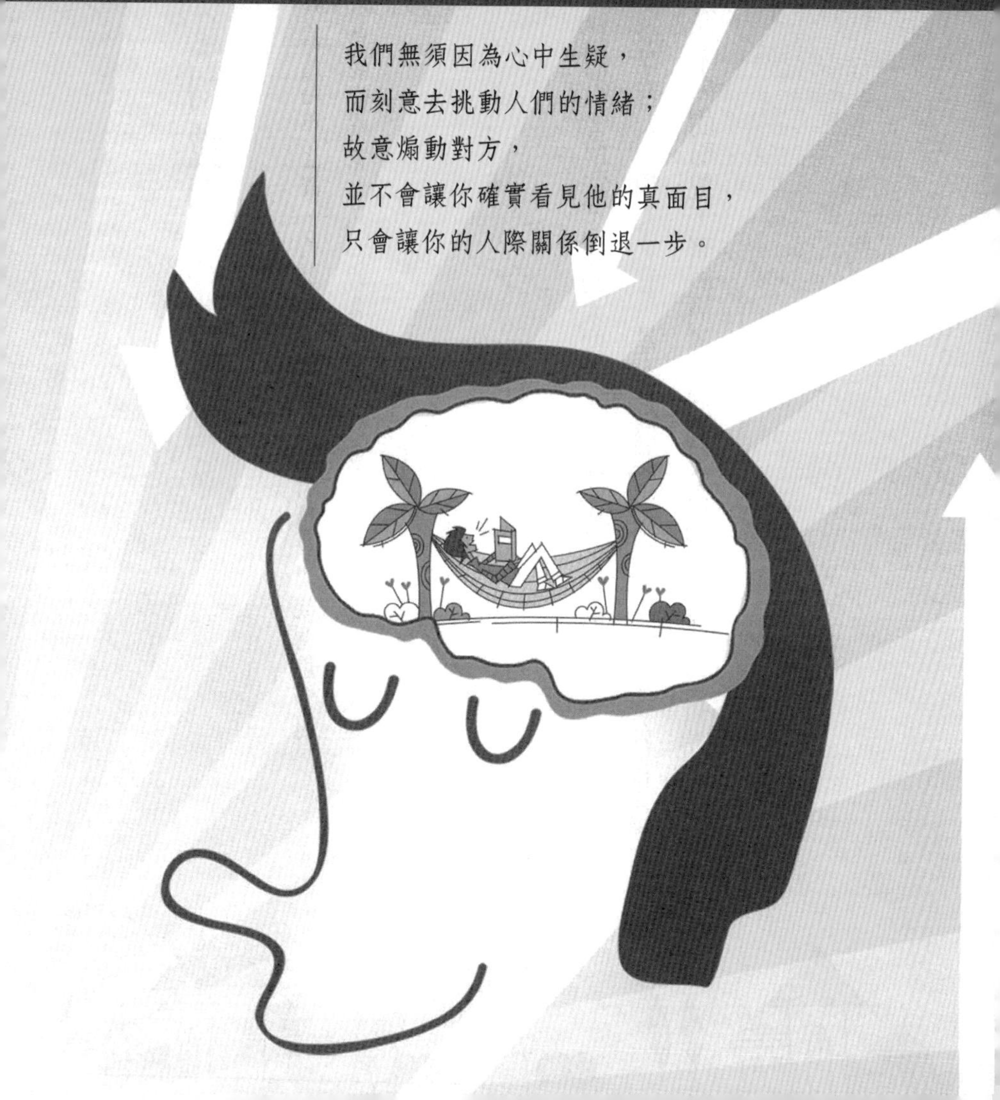

何必刻意刺激別人的情緒？

我們無須因為心中生疑，而刻意去挑動人們的情緒；故意煽動對方，並不會讓你確實看見他的真面目，只會讓你的人際關係倒退一步。

爲了生存，我們很習慣在不同的人面前，呈現不同的面貌。

其實，只要不存害人、騙人之心，是不是僞裝出來的不太重要，畢竟我們眞的很需要用這些不同的面貌，來與周遭不同的人溝通、交流，並幫助自己的人際發展。

很久以前，有個頗受好評的富孀，平日待人親切和善，爲人謙遜的她甚得人心，不管是她的親友還是傭人們，每個人都對她讚譽有加。

然而，有位頗受這位富婆喜愛的年輕女僕，卻是個充滿好奇心，喜歡發掘所謂人性眞相的女孩。

有一天，她忽然這麼想：「每個人都如此讚美我的女主人，雖然我也覺得她不錯，但是，我們又怎麼知道，她的那份溫和是天性使然，還是外在環境促使她不得不如此？嗯，不如讓我來測試一下她吧！」

於是，第二天早上，這位年輕女僕便故意賴床不起，一直等到中午時分，才慵懶地出現在富婆的面前。

當她來到廳堂時發現，女主人的臉上已經堆滿了不悅，接著還聽見責備的聲音：「妳爲什麼這麼晚起？」

只見這個女僕頂嘴說：「我只是偶爾賴個床，您用不著這麼生氣吧！」

女主人一聽，臉色更爲難看了，不過，爲了維持自己的形象，她也只是生氣地搖了搖頭，便不再多話。

第二天，女僕又再賴床一天，沒想到，這回女主人終於按捺不住脾氣了，怒氣沖沖地帶了根木棒，來到這個女僕的房間中，當場給了女僕一棒。

接下來，事情怎麼發展呢？我們不是常說「好事不出門，壞事傳千里」嗎？這句話不一會兒便立即在女主人的身上應證。

當她棒子才落下之後，消息便傳遍了大街小巷，讓她花費了大半生累積的聲名，因為這「一棒」而完全損毀。

你經常懷疑那些表現和善的人，其實是詐善的偽君子嗎？那麼，你會用什麼方法證明他的偽裝呢？

看完這個故事，或許有人要嘲笑女主人的裝模作樣、虛情假意，然而，我們何不換個角度看，如果女僕不「故意」搗蛋，我們可以肯定，女主人將會一輩子都是和藹可親的模樣，這不是很好嗎？

每個人都是從「互動」中溝通心意，我們無須因爲心中生疑，而刻意去挑動人們的情緒。

因爲，人們對你的和善，其實是順應著你的和善而生，故意煽動對方，並不會讓你確實看見他的眞面目，只會讓你的人際關係倒退一步。

也許，有人會質疑，那麼想要做到眞正的「表裡如一」又該如何？

其實，只要不心存詐欺就是表裡如一！只要別太僞作、矯飾，我們大可運用多元的面貌，來面對多元的社會，成就我們的未來。

別讓小事傷了和氣

因為「自以為是」的偏頗想法，因為心中擁有了計較與比較的嫉妒、猜忌，所以，我們反而更容易被小事煩擾，讓各種情緒佔滿了心胸。

我們常常會緬懷過去的美好回憶，用心計劃未來的美好願景，卻往往忽略了用心經營現在的人生。

我們喜歡和別人爭辯，喜歡和別人嘔氣，以至於常常因爲小事而撕裂自己的人際關係，造成不能挽回的遺憾。

每件事都會有轉圜的餘地，所以，別再爲小事傷了和氣！人的感情一旦因爲這些小事而損傷了，恐怕花再長的時間也不一定能夠癒合。

從前有兩個感情相當好的家庭，雖然沒有住在同一個城市裡，但感情甚篤的他們，每年都會安排一個聚會的時間，時間一到，甲家人必定全家到乙家拜訪，甚至連他們飼養的狗兒也會跟去。

但是，不知道怎麼了，有一年他們竟爲了一點小事而傷了彼此的感情，於是，那一年，甲家人決定不再探訪乙家。

然而，他們卻萬萬沒有想到，在約定的那一天，甲家的狗兒居然獨自來到三十里之外的乙家。當牠到達乙家時，已經是傍晚時分了。

當乙家的人看見甲家的狗兒出現時，全都開心地猜想：「咦？他們的愛犬都來了，那就表示他們願意與我們和好如初囉！」於是，主人吩咐：「大家快點準備東西，我想，他們就快到了！」

以爲感情重建的乙家人，連忙去準備飯菜等待好友的到來，然而，他們等了一個晚上，卻仍然不見甲家人的蹤影。

第二天早上，乙家人很擔心朋友們一家人的情況，於是不放心地來到甲家，一問之下才知道，原來是狗兒自己跑到他們家的。

這時，甲家的小女兒說：「哇，狗狗都沒有忘記大家的約定和情誼耶！那麼為什麼你們大人會忘了呢？」

兩家人聽了都相當慚愧，只見雙方大人再次聊了起來，孩子們也開始在屋裡歡笑追逐，大家的情感又再次牽起，而他們也相信，從這一天起，兩戶人家的情誼將會永恒不墜。

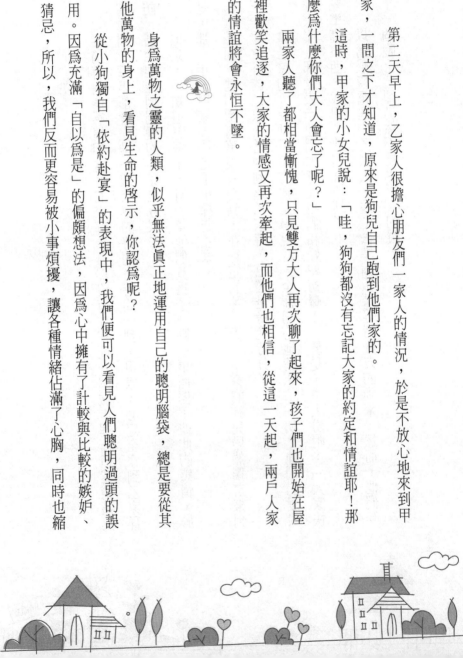

身為萬物之靈的人類，似乎無法真正地運用自己的聰明腦袋，總是要從其他萬物的身上，看見生命的啓示，你認為呢？

從小狗獨自「依約赴宴」的表現中，我們便可以看見人們聰明過頭的誤用。因為充滿「自以為是」的偏頗想法，因為心中擁有了計較與比較的嫉妒、猜忌，所以，我們反而更容易被小事煩擾，讓各種情緒佔滿了心胸，同時也縮小了包容的空間。

從小狗狗的身上，你是否也有了新的啓發？

英國哲學家羅素曾說：「一個人越不懂得控制自己的人，越是察覺不出自己傷害了別人，也傷害了自己，因為眼前的事物蒙住了他的眼睛。」

由於生長環境和價值觀念不同，每個人行事風格不同，觀看事物的角度也不同，因此同樣一件事，往往有著不同的解讀。我們該做的是微笑面對差異，化解彼此的誤解，而不是製造更多互動上的糾葛。

生活中，確實有很多小事讓人煩惱，然而，認眞地看一看這些瑣碎小事，很多時候你不是經常發現：「那根本沒什麼啊！」

不要用激情取代理性

我們都曾未問明前因後果，便怒責他人的不是，也曾未經證實，便隨意地指證他人的是非，當時間證明了真相，卻已鑄成了大錯。

不要在沒有事實根據的誤會上和別人對立，更不要在沒有親自證實的傳言中，繼續蜚短流長。

因爲，過度的激情很容易控制人的理性，更會讓人在失去理智的情況下，做出傷害別人也傷害自己的事。

在一座茂密的森林中住了許多鴿子，其中有一對鴿子在一棵大樹上共築了一個愛巢，像似幸福的小夫妻，相親相愛地過著快樂的日子。

秋天來臨時，牠們發現後山一座果園的果子成熟了，於是就飛到果子園中，趁著著園主不注意時，偷了許多果子回家。

果實堆滿了牠們的巢穴，似乎足夠渡過寒冬了。然而，原本以爲不必爲冬天食物發愁的牠們卻沒料到，悠閒好幾天之後，巢中所有果子都因爲天氣乾燥無雨，不知不覺中都乾縮了，居然剩下不到半個巢穴。

這天，雄鴿自外面遊蕩歸來，看見這個情形，生氣地責怪雌鴿：「我們千辛萬苦到後山採來的果子，妳居然偷偷地單獨享用，才沒幾天就已經被妳吃掉一半，妳實在很自私。」

雌鴿不服氣地反駁說：「才沒有這回事呢！巢中的果子從採收回來後，我一個也沒動過啊！」

雄鴿大吼：「妳還不承認，還強詞奪理？妳看，眼前的果子明明只剩下一半，事實就擺在眼前，妳還要抵賴？」

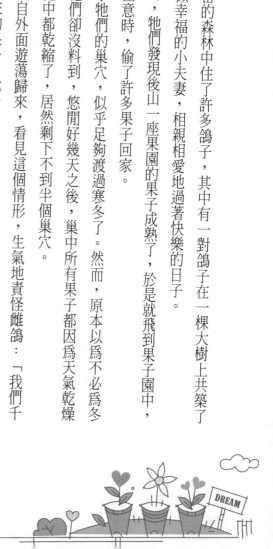

雌鴿悲傷地說：「那些果子明明是自己減少的，我根本沒有偷吃啊！請你一定要相信我。」

雌鴿苦苦哀求，雄鴿卻仍然不相信她，還怒氣沖沖地說：「妳口口聲聲說沒有偷吃，那麼果子怎麼會減少？」

說著說著，牠居然用尖銳的嘴啄了過去。雌鴿抵擋不住雄鴿的猛烈攻擊，不一會兒便被雄鴿給啄死了。

看著另一半死去，雄鴿一點也不傷心難過，因爲在牠心中，正充滿著被背叛的感覺，認爲自己除去了不能信任的另一半，也決心以後只靠自己。

忽然，天空落下了斗大的雨滴，也落在那些乾扁的果子身上，就在這個時候，巢中的那些乾扁的果子登時全都膨脹了起來，鳥巢也再次被果子給佔滿，而且容量和先前一樣！

雄鴿這時才發現自己誤會雌鴿了，因爲一時的情緒失控，竟然讓牠誤殺了另一半。只見後悔不已的雄鴿飛上了樹梢，高聲地哀嚎：「老婆，妳到哪裡去了，老婆，我相信妳啊！老婆，妳快回來啊……」

看著這則寓言故事，你是否也覺得有點熟悉？

因爲，我們都曾經未問明前因後果，便怒責他人的不是，也曾經未經證實，便隨意地指證他人的是非，當時間證明了眞相，我們卻已鑄成了大錯。

所以，我們要謹記故事中的教訓：「別讓失控的情緒，蒙住了事實真相與冷靜溝通的機會。」

俄國文豪屠格涅夫在《回憶錄》裡寫道：「生活不是別的，只不過是經常超越自己，克服自己的缺失而已。」

想要超越自己，最重要的關鍵就是學會「自我克制」，不斷要求自己微笑代替煩惱，千萬不要用情緒處理事情，尤其是對一些可能傷害別人的舉動，更要想辦法加以控制，以免讓自己後悔莫及。

冷靜面對才能看見真相

不想被假象蒙蔽，那麼我們就要用更謹慎的態度小心求證，不想再被訛傳所煩擾，那麼我們就要用冷靜的態度，找出事實的真相。

不要隨著毫無根據的傳說而揣摩想像，也不要跟著八卦消息而隨便評斷是非，即使是羅生門的情況，眞相始終只有一個，不過，這個眞相也只有在你謹愼求證之後才能看見。

古時候，有一班靠演出謀生的戲子，因爲國內鬧饑荒，人民連最基本的衣食都無法照顧，更別提欣賞戲曲了，因此，這班戲子只得帶著道具行裝，到外地尋找演出機會。

這天，他們正好經過婆羅新山，據傳在這座山林裡，住著嗜吃人肉的羅剎鬼。很想快點走出婆羅新山的他們，卻因山路不熟，加上其中一位戲子生病了，以致行程耽誤，不得不在這座山林裡過夜。

眼看著黑幕拉下，山上的寒涼夜風也開始吹起，他們連忙搭起休息的棚子，並撿拾一些乾柴起火，讓大家就著火堆休息取暖。

當大家都睡著時，那位生病的演員卻被寒冷的夜風吹醒，於是，他連忙從道具中隨手拉出一件厚衣裳穿上，並到火堆前取暖。

過了一會兒，有位同伴從睡夢中醒來，一抬頭，看見火堆邊居然坐了一個「羅剎鬼」，嚇得驚呼一聲，連忙起身逃跑。

「羅剎鬼」是怎麼出現的呢？

原來，那個「羅剎鬼」不是別人，而是那個生病的演員，糊裡糊塗的他，完全不知道自己穿上了羅剎鬼的戲服。

當其他人聽見有人高喊著「羅刹鬼」時，並沒有人問明原因，便跟著喊叫的人開跑，這其中當然也包括了那位生病的戲子；他看見大家驚慌地四處奔逃，以爲出了什麼事，也拼了命地跟在大家的後面奔跑。

這時，有個人回頭探望，想看清楚到底發生了什麼事，未料，一轉頭，卻見「羅刹鬼」的身影朝著他的方向奔來，這下子他更加驚恐，只見他高呼著：「羅刹鬼追來啦！」

這一驚呼，讓大家更加拼命地往前狂奔，只見有人被石塊絆倒，有人被荊棘刺傷，還有人跑得太快，一不小心猛地跌坐在小溝渠邊，每個人幾乎都弄得渾身是傷，這其中也包括那個假羅刹鬼！

就這樣，一群人東奔西跑了一個晚上，直到東方魚肚漸白，才精疲力盡地停下腳步，心想：「天亮了，羅刹鬼應該不敢走出森林吧？」

這時，有人回頭看了看，卻見「羅刹鬼」出現在他的身後，還氣喘吁吁地抱怨：「你們不知道我生病了嗎？到底發生了什麼事啊？」

這則故事相當滑稽有趣，然而其中的寓意卻十分深遠。因爲人云亦云，也因爲人們缺乏實事求是的態度，白馬經常被硬指爲黑馬，幾句流言也常常被人們當成眞話，於是，許多人的名譽莫名被毀損，眞相也總是石沉大海。

聽見流言或像故事中的傳言時，你都怎麼處理與面對？是像故事中的人們，只是看見了影子，便相信眞有「羅刹鬼」，還是會冷靜地循著身影，仔細求證？

不想被假象蒙蔽，那麼我們就要用更謹愼的態度，小心求證；不想再被訛傳煩擾，那麼我們就要用冷靜的態度，找出事實的眞相。

有勇無謀，只會為自己帶來麻煩

凡事都要先靜後動，智取不足再用武攻，這也正是聰明人永保安康的最佳秘方。

行事果敢當然很重要，但如果只知道蒙著頭向前衝，不懂得運用智慧，莽撞行動的結果，只會讓自己陷入危機。

爲了避免危機，行動之前要妥善規劃，準備好各種應對的方法。

有勇無謀，只有激情卻沒有理智，往往只會造成無法收拾的後果。

在一個偏僻的城郊外，有間久無人居的鬼屋，向來沒有人敢接近這附近，更別提住進這間房子了。

不過，阿明卻認爲這是人們的傳言，是無稽之談，爲了破除迷信，他決定在這間傳說的鬼屋裡住一個晚上，並捉出所謂的「惡鬼」。

阿明在天黑前便躲進了屋裡，身上還帶了一根木棍，準備要讓「惡鬼」好好地吃一頓棒打。沒想到，這天村裡有另一個人也自告奮勇要去捉鬼，不過他直到深夜才來到鬼屋附近。

半夜，這個自告奮勇的村民也拿了根木棍，獨自一人慢慢地走進了鬼屋。當他來到門口時，忍不住打了一個寒顫，但他吞了口氣，對自己說：「別怕，只要惡鬼一出現，我就要把他打得不成鬼形！」

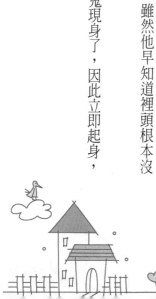

門外這個村民鎮靜下來後，便先用手叩了叩門，雖然他早知道裡頭根本沒有人住，不過，這個小動作卻能幫助他壯壯膽子。

然而，裡面的阿明一聽見這陣叩門聲，卻以爲惡鬼現身了，因此立即起身，用力地抵住了大門，不讓村民把門打開。

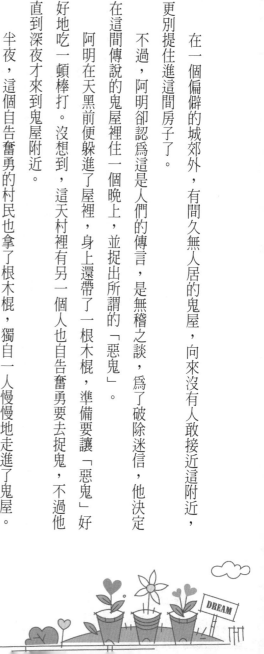

這個舉動卻讓村民以爲，裡面眞有惡鬼居住，於是更用力地推門。就這樣，兩個「人」相互擋在門扉之前，因爲，他們心裡都認定了：「惡鬼，你終於來了，看我如何教訓你！」

最後，一個努力地往裡推，一個則用力地阻擋著，忽然「啪」一聲，年久失修的門被他們弄破了。

黑暗之中，兩個人都沒看清對方的面貌，就在認定對方一定是「鬼」的情況下，拿起了木棍朝著對方猛烈打擊。

直到雞啼聲響，天空漸亮，兩個人已互毆到頭破血流，最後終於不支倒地。兩個人努力地喘著氣，並藉最後一股力氣，努力地想看一看，到底這個惡鬼長成什麼模樣。

當兩個人相望時，都驚呼一聲：「是你！」

原來，這兩個「鬼」都發現，對方居然是同鄉多年的好朋友！

小故事總有大啓發，看這兩個沒有預先查明眞相，便相互鬥毆的好朋友，你是否也忍不住想嘲笑他們的匹夫之勇？

然而，場景轉到你我的現實生活之中，我們不也曾經發生相同的情況，不分青紅皂白就勇氣十足地爽快答應：「就看我的！」

結果呢？問題眞的輕鬆解決了，還是爲自己惹來了一堆大麻煩呢？

我們誇讚一個人「智勇雙全」之時，其中的關鍵並不在「勇」字，而是在「智」的身上。就像故事中的兩個人，如果他們都能先運用智慧，辨別清楚「惡鬼」的身份與自己的形勢，自然能免去亂棒的攻擊。

所以，凡事都要謀而後動，智取不成之後再用武攻，這也正是聰明人永保安康的最佳秘方。

失去的永遠都補不回來了

不管你的地位或財富有多高，犯錯了，就別再站得那麼高，只要低頭認錯，內心發出真誠的愧疚，不必多做什麼，受傷者自然會釋懷。

沒有人不會犯錯，只是在犯錯時，你是否眞的認爲自己有錯，這才是在彌補事故時，能否讓傷口眞正癒合的要點。

因爲，最好的彌補，是求一個「原諒」，而獲得原諒的最好方式，就是謙卑退讓，誠心認錯。

很久以前，有個愚昧的國王，聽聞宮中的文武百官，私底下對他頗多議論，說他是個暴虐的君王，又說他資質愚笨，不懂得治理國家。

國王非常憤怒，下令要揪出那些亂耍嘴皮的大臣。

但是，偵查了許久，一直都找不到傳播謠言的人。就在這個時候，國王身邊有個奸佞的小人，伺機陷害了一個賢臣，而這個愚昧的國王居然聽信奸人的話，不僅沒有詳細查證，還立即給這位賢臣一個「污衊君主」的罪名。

這個罪名相當重，那位賢臣必須忍受凌遲之刑。

可憐的大臣莫名地被誣陷，還得忍受這個割肉的酷刑，雖然僥倖沒死，卻也被折磨得只剩半條人命。

這時，朝中幾位重量級的大臣，實在看不下去了，便聯名各方人士證明這位賢臣的忠誠與老實，證明他從來沒有說過毀謗國王的話。

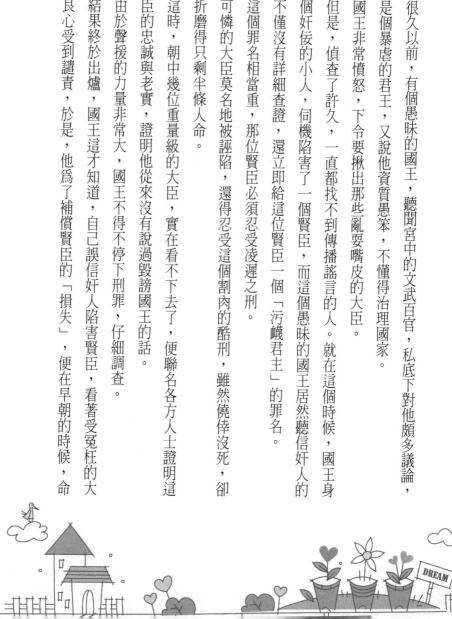

由於聲援的力量非常大，國王不得不停下刑罪，仔細調查。

結果終於出爐，國王這才知道，自己誤信奸人陷害賢臣，看著受冤枉的大臣，良心受到譴責，於是，他爲了補償賢臣的「損失」，便在早朝的時候，命人送上一千兩豬肉，好讓大臣加倍補足身上的肉。

但是，受冤枉的大臣並不領情，得了一千兩豬肉之後，仍然呻吟、哀叫不止，狀似非常痛苦。

國王見狀，有些不悅地問：「爲什麼你還這副痛苦的模樣？我雖然拿了你一百兩的肉，但是，我已經用十倍數量償還你了，你還不滿足嗎？」

這位大臣抬起頭，面有難色地看著國王，嘴巴似乎很想開口，但是卻無法答應。這時，另一位大臣開口說：「大王呀，如果有人把大王的頭割去，然後再還給您一千顆頭，不知道大王您認爲如何？」

國王若有所悟地低下了頭，默然無語。

看著國王以一種「等值的交易」態度，來做出補償時，你是否也和故事中的大臣一樣，忍不住激起了相同的憤怒呢？

然而，在我們的生活周遭，許多犯錯人不也和國王一樣，總是慣用這樣的

敷衍態度來粉飾太平，因爲，他們都不太願意承認自己有錯，只想推搪敷衍，讓自己的責任負擔降到最低。

於是，他們會用一種「不得已」的意外心態，以及一種「大不了賠償」的交易心態，企圖來掩飾自己所犯下的嚴重錯誤。

問題是，事情都已經發生了，又如何能讓一切回復原狀？

不管你的地位或財富有多高，犯錯了，就別再站得那麼高，因爲只要低頭認錯，內心發出眞誠的愧疚，不必多做什麼，受傷者自然會釋懷。

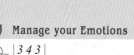

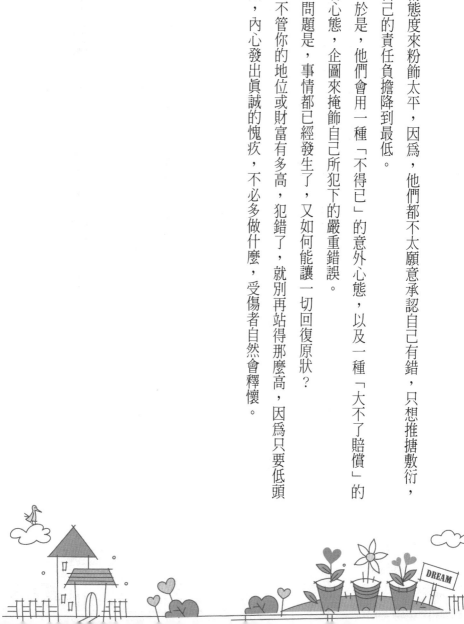

不要讓虛榮心戕害你的生命

有人為了面子，輕易地放棄了生活中最重要的一切，為了這麼一個小小的面子，甚至願意遺棄生命中最可貴的一切。

不論是禪學佛說，還是勵志小語，其中共通的精神目標都是要讓我們知道：「只要能擁有自己，你就已經擁有了一切！」

許多人解脫不了的，不是現實環境的惡劣，而是不願意敞開自己的心扉，只想著鑽進黑暗之中，放棄高掛天空的希望光照。

有個名叫提韋的婆羅門婦人，原本生活在一個富裕之家，但是，自從丈夫死了之後，家道便日漸中落。

過慣了好日子的提韋，生活虛開銷逐漸吃緊，然而爲了身份和面子，她卻連一個傭人也沒有解僱。

因爲，她堅持：「寧願死，也不能失去面子。」

正因爲這樣的固執，居然讓生活日漸困苦的提韋，心中產生了放棄生命的念頭，也相信這樣的錯誤觀念：「要求得快樂，必須以痛苦來換取，也就是說，死亡之時如果熬得越痛苦，來世便能享受更多的快樂。」

提韋心想：「如果被活活燒死，我就能換得來世的快樂，再者，死了我就不必再忍受這些生活壓力，而在名譽方面，我還可以聲稱說是爲了求道而死，嗯！這樣也算圓滿。」

所幸，她的念頭被辯才尊者發現了，這天尊者來到她家，希望能點化她。

尊者對提韋說：「因爲負不起家裡的重擔，妳竟然想燒身求死，是不是？不過，我必須先提醒妳一件事，事實上，那一點也不能免除妳的責任，反而會加重妳

的罪業。因爲，前生的惡業如果沒有受完，來世妳還是要再繼續。還有，自焚身體是一種重罪，焚身也是自殺的行爲，在阿鼻地獄，妳將晝夜焚燒，一整天不斷地經歷，而且要一直燒到幾萬年才能夠消除。」

提韋聽完尊者的話，心中似有所悟，當她還想發問時，尊者像看透她心意似的說：「一切的善惡都是由一顆心引起，如果妳心存惡念，即便是明朗的月亮，也會像被烏雲遮蔽一樣，顯不出它的光明。唯有一心行善，惡念不存，那麼，就會如清風吹開烏雲，月亮便能立即展露光芒，而妳不但能滅除罪惡，對來世也更有好處。」

提韋點了點頭，接受了尊者的教訓，從此，她奉行佛教，並發心願，解救眾生的苦痛，最終也證得聖果。

聽見「寧願死，也不能失去面子」時，你是否也感到驚訝，原來人們的執迷不悟竟然如此相近！殊不見，有人就像提韋一樣，爲了所謂的面子，輕易地

放棄了生活中最重要的一切，爲了這麼一個小小的面子，甚至願意遺棄生命中最可貴的一切。

爲了面子問題，我們都曾經誤入歧途，雖然我們沒有嚴重到像提韋一樣，差點要用生命來換取，然而，這種錯誤的觀念和消極的想法，卻是許多現代人都有的，不是嗎？

凡事換個角度看，因爲生命的關鍵時刻是在「當下」，生活再困苦也會過去，面子再難堪，都已經是過去的了，我們眞正要在意的是：「此刻，我們要走出困苦和難堪。」

互助，就是最好的獲利公式

生命是相互依存的關係，生活是共同分享的過程，你我之間計較越多，生命便會產生越多傷口，生活也會越加崎嶇難行。

在商場上，許多人都很懂得如何投資獲利，但是在投資大社會的利益中，絕大多數人總是不知道要如何計算。

很久以前，有個商人帶了幾個合夥人，一同到海外去尋找寶物，經過了一個月的找尋，每個人都載著滿船的珍寶準備返鄉。

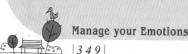

在回鄉的航線上，開心的他們飲酒高歌，完全忽略了多變的大海。

就在他們熱熱鬧鬧地狂歡時，原本晴空萬里的天際，轉眼間變成烏雲密佈，一陣狂風襲來，還捲起了一道巨浪，更不幸的是，這個巨浪就這麼擊中了商船，商人們便在轉瞬間全掉入了大海。

殘破的船骸漂浮在水面上，每個人都想用力地抓住這些浮木，然而沉浮在大浪的起伏間，想要捉住浮木，並不是件容易的事。終於，有位商人抓住了一根大木頭，安心地藉著木塊的浮力，漂浮在水面上。

然而，當他看見其他人，仍然在水面上載浮載沉地高聲呼喊時，心有不忍地想：「不知道他們會被捲到哪兒去？我已經安全了，如果他們能抓住我，一定也能安全渡過。」於是，他努力地游到同伴的身邊，叫大家拉緊他的衣服與身體：「你們抓緊我，我們就能一起活下來了！」

人們的求生意識是很驚人的，不會兒工夫，商人已經被其他人團團包圍，只是，風浪實在太大了，還是有人半途被海浪吞沒。

這個使命感很重的商人，心痛地看著無力支持下去的同伴，心中更是難過，

他知道：「我一定要用盡全力支持住，其他人才能活下去！」

商人用盡全身力氣，將抱住他的人們，奮力地拖到了岸上，當最後一個同伴躺在岸上時，商人卻再也沒有力氣爬起來了，然而他覺得：「一個人換十幾條命，值得！」

有付出便有收穫，爲了成功事業我們都很懂得這項公式，然而在待人處世上，許多人卻是非常吝嗇的。

生命是相互依存的關係，生活是共同分享的過程，你我之間計較越多，生命便會產生越多傷口，生活也會越加崎嶇難行。

所以，「互助合作」與「共同分享」是用來完美社會的最佳公式，更是我們共創奇蹟的唯一利器。於是，我們回頭來計算故事中的投資，一個人換十個人當然值得了，不是嗎？

詩人朗費羅曾說：
重要的不是你站在那裡，而是該往那個方向移動。

在生命的地圖，找到自己的出路

FIND YOUR WAY

只有改變自己的心態，才能迎向最美好的未來

凌越 著

的確，在生的流程中，最重要的並不是如今的你置身在什麼環境，而是縱使身處逆境，仍然願意把握當下，
在人生的地圖上尋找自己的出路，走出一條屬於自己的道路。
想改變自己的世界，想迎向美好的未來，從現在開始，
就必須改變自己的思維模式，抱持著積極樂觀的心態，讓它指引自己的人生航向。

優秀的人，不會讓情緒控制自己

作　　者　文蔚然
社　　長　陳維都
藝術總監　黃聖文
編輯總監　王　凌
出 版 者　普天出版家族有限公司
新北市汐止區康寧街 169 巷 25 號 6 樓
TEL / (02) 26921935（代表號）
FAX / (02) 26959332
E-mail：popular.press@msa.hinet.net
http://www.popu.com.tw/
郵政劃撥 19091443 陳維都帳戶
總 經 銷　旭昇圖書有限公司
新北市中和區中山路二段 352 號 2F
TEL / (02) 22451480（代表號）
FAX / (02) 22451479
E-mail：s1686688@ms31.hinet.net
法律顧問　西華律師事務所・黃憲男律師
電腦排版　巨新電腦排版有限公司
印製裝訂　久裕印刷事業有限公司
出 版 日　2019（民 108）年 11 月第 1 版
ISBN◉978-986-389-690-6　　條碼 9789863896906

國家圖書館出版品預行編目資料

優秀的人，不會讓情緒控制自己／
文蔚然著.—第 1 版.—：新北市,普天出版
民 108.11 面；公分. -（新生活大師；46）
ISBN◉978-986-389-690-6（平裝）

新生活大師
46